KB216192

분위기를 사로잡는

리더의
말 사용법

분위기를 사로잡는

리더의
말 사용법

임유정 지음

원앤원북스

이럴 땐 이런 스피치,
상황별 스피치의 결정판!

스피치에 대한 이론을 소개한 책은 많다. 하지만 자신이 처한 상황에 맞추어 이론을 활용한다는 것은 참 쉬운 일이 아니다. 직장인들에게 상황별 영어 이메일 문구 책이 유행한다는 이야기를 들었다. 영어 자체를 A부터 Z까지 이해하고 공부하는 것은 어렵다. 하지만 기내나 식당에서 활용할 수 있는 회화 문장을 외우는 것은 그보다는 쉬울 것이다. 이런 생각에서 나온 책이 바로 이 책이다. 어려운 스피치를 복잡하게 이해하는 것이 아니라 그냥 이런 상황에서는 이렇게 말하면 된다는 것을 정리했다. 바쁘고 힘든 리더와 직장인들에게 이보다 더 쉬운 스피치 책은 없을 것이다.

'임유정'이라는 이름으로 낸 책이 벌써 10권이 넘었다. 책을 많이 쓴 것이 무슨 대수냐고 할 수 있겠지만 적어도 나에게는 의미가 크다. 나의 시간과 노력이 축적된 결과가 바로 책이기 때문이다. 지난 2006년부터 하루에 몇 시간씩 스피치 코칭을 한 경험이 없었다면 이리 많은 책을 쓸 수 없었을 것이다. 9여 년의 아나운서와 쇼핑호스트 생활을 거치고 스피치 강사로 활동한 지도 이제 십수 년이 지났다. "10년이면 강산도 변한다."라는 말처럼 한 분야에서 10년 동안 일을 하다 보니 회사 사장 및 임원들의 스피치 코칭을 할 기회가 늘었다. 지난 2015년에는 독일 베를린으로 달려가 IFA 기조연설을 직접 코칭하기도 했고, 이름만 대면 알 수 있는 대기업 회장님들의 스피치 코치로도 활동할 수 있었다.

이렇게 많은 사람들의 스피치를 코칭하며 '아! 스피치에 대한 이론을 설명하기에는 이분들의 시간이 너무 부족하구나. 차라리 이럴 때는 이렇게 말씀하시라는 모범 답안을 만들어 보여드리는 편이 낫겠어.'라는 생각이 들었다. 물론 이 책이 모든 스피치 상황에 맞는 '정답'이라고는 할 수 없다. 하지만 중요한 것은 이 책이 있으면 어떤 상황이든 머릿속이 하얘져 말이 나오지 않는 일은 없을 거라는 것이다.

이 책을 읽는 분들에게 꼭 드리고 싶은 당부가 있다. 첫째, 이 책을 읽을 때는 반드시 입으로 소리를 내서 읽었으면 한다. 스피치는 머리가 아닌 몸이 기억하는 기술이다. 스피치 상황에 맞는 문구들을 소리 내 읽으면 어느새 그 말들이 입에 붙어 자연스럽게 나올 것이다. 소리를 내서 말할 때 가급적 '감정 오버'를 해서 읽으면 더욱 좋다. 스피치는 긍정적인 감정이 많으면 많을수록 마음이 편해지고 자신감이 생겨 말을 더 잘하게 된다. 긍정적인 감정을 많이 넣어 평소보다 오버하는 느낌으로 이 책을 읽어보자.

둘째, 의례적인 문구에 익숙해졌으면 한다. 물론 이 책에는 여러 명언들도 들어가 있지만, 명언보다는 그 앞에 쓰인 의례적인 문구들을 꼭 기억했으면 한다. 예를 들어 "와~ 정말 많은 분들이 오셨네요." "이렇게 모임에 초대해주신 회장님께 감사한 마음 전합니다." "본격적으로 행사를 시작하겠습니다." 등 어느 자리에서든 의례적으로 할 수 있는 말들을 입에 익혀두면 갑자기 말문이 막히는 일은 없을 것이다. 그리고 이 책에 쓰인 명언에 대해서는 너무 부담스러워하지 않았으면 한다. 내 마음에 쏙 들어온 명언만이 영혼 있게 전달되는 법이다. 스피치를 할 때 꼭 명언을 넣어야 하는 것은 아니다.

마지막으로, '자신의 스토리'를 덧붙이기를 바란다. 여기에 쓰여 있는 문구는 기본이다. 이 문구에 여러분이 하고자 하는 말을 덧붙여 스피치를 완성하면 색다른 스피치 문구가 완성될 것이다. 솔직함만큼 좋은 스피치는 없다. 머릿속에 자연스럽게 떠오르는 솔직한 문구를 덧붙여보자.

요즘 들어 나이 50이 넘는 CEO나 임원들이 라온제나 스피치 아카데미에 많이 찾아온다. 그들은 하나같이 똑같은 말을 한다. "50대에는 30~40대와는 다른 방식으로 사업을 하고 싶어요." 30~40대를 열심히 살아온 리더들이 이제 50대가 되면서 그전과는 다른 방식으로 사업을 하고 싶어하는 것이다. 아마 예전에는 몸으로 열심히 뛰어 사업을 일궈냈지만, 이제는 리더로서 직원들과 소통하고 더 넓은 무대에서 자신의 회사를 홍보해 더 큰 성공을 이루어내고 싶다는 말일 것이다.

이때 이분들에게 필요한 것은 무엇일까? 바로 '스피치'다. 누군가를 동기부여하고 홍보하는 데 말만큼 효과적인 도구가 어디 있겠는가. 특히 남성 CEO들은 대부분 자신의 '감성'을 표현하는 데 어려움을 겪는다. 그동안 자신의 마음을 표현해본 적이 없기 때문이다. 지식만 전달하는 스피치는 메마르다. 메마른 스피치로는 누군가를 설득하기 어렵다. 나는 이 책을 통해 여성 CEO들뿐 아니라 남성 CEO들도 좀더 부드럽고 유연한 스피치를 했으면 한다. 오늘도 고생하고 있을 모든 회사의 CEO와 임원, 그리고 리더들에게 이 책을 바친다.

임유정

PART 1
자기소개

PART 2

비즈니스 스피치

PART 3

나와서 한말씀

PART 4
건배사

Leader's Speech

PART
01

자기소개

앞에 나와 말을 하려고 하면 머릿속이 하얘진다는 사람들이 많다. 도대체 어떤 말로 포문을 열어야 할까? "안녕하세요?" 라는 말 뒤에 무슨 말을 해야 하나 당황해하는 분들에게 그 해답을 드리겠다.

말에 대한 무대공포가 심한 분들은 대부분 말에 '뼈대'가 없는 경우가 많다. 자기소개를 할 때는 1) 자기가 하고 있는 일을 소개하고, 2) 현장에 온 소감을 말하고 3) 현장에 온 사람들에게 칭찬 한마디 한 뒤 4) 마지막으로 "앞으로 잘해보자." 라고 말해보자. 이런 순으로 말하면 별 무리가 없다. 이런 말들이 기본적인 논리의 구조를 만들어주면 여기에 조금씩 살을 붙이고 응용해서 말하면 된다.

노래방에 가면 18번 노래 레퍼토리가 있듯 말도 마찬가지다.

"이 모임에 오니 기분이 참 좋네요. 어떻게 여러분은 이 모임에 나오셨습니까? 대단하십니다. 열심히 하겠습니다." 이런 기본적인 문구만 기억해도 자기소개를 할 때 머리가 멍해지는 경우는 없을 것이다.

계속해서 소리를 내 연습해보자. 스피치의 논리를 이해하는 일은 여간 어려운 일이 아니다. 시간이 많지 않은 리더들에게 스피치의 원리를 이해한 다음 멘트를 생각해내라는 요구는 보통 번잡스러운 일이 아닐 수 없다. 만약 스피치에 대해 학습할 여유가 없다면 그냥 이 장에 실린 자기소개 멘트를 소리 내서 크게 몇 번 외쳐보자. 그럼 입에서 말이 술술 나올 것이다.

ー

산악회 모임
자기소개

🎤 케이스1 **자기소개의 기본적인 말들을 익혀보자**

키워드

> 안녕하세요.
> 반갑습니다.
> 잘 부탁드립니다.

예 안녕하세요. 반갑습니다. ○○○입니다. 오늘 산행, 정말 즐거웠습니다. 저는 현재 ○○회사를 운영하고 있는데요, 사업이라는 것을 하다 보니 몸과 마음이 참 무거워질 때가 있더라고요. 그럴 때마다 산에 종종 오르는데 오늘 등산은 특히나 기분이 좋았습니다. 혼자 산을 타는 것도 나쁘지 않지만 사실 누군가와 함께 이런 저런 대화를 나누며 오르는 산행만큼 즐거운 것이 어디 있겠습니까. 앞으로 ○○산악회 여러분과 우리나라 각지의 명산을 찾아다니며 즐거운 산행을 하고 싶습니다. 앞으로도 잘 부탁드립니다. 감사합니다.

스피치 Tip

여러 번 반복해서 읽어보세요. 말이 입에 붙을 겁니다. 일단 이런 기본적인 말들이 입에 붙게 되면 이것이 하나의 뼈대 역할을 해주어 스피치를 해야 할 때 머릿속이 하얘지는 일을 막아줍니다. 그냥 여러 번 입 밖으로 소리 내 말해보세요.

 케이스2 **칭찬만큼 좋은 스피치는 없다**

키워드

산 정상에 오르는 것도 좋다.
하지만 어떻게 오르느냐도 중요하다.

(예) 여러분 안녕하세요? 만나 뵙게 되어 정말 반갑습니다. 방금 소개받은 ○○○입니다. ○○○ 회장님께서 "산악회 모임에 한번 와봐라. 산만큼 좋은 게 없다!"라는 말씀을 많이 해주셨는데요, 그 이유를 오늘 알 수 있을 것 같습니다. 산을 타니까 몸도 마음도 개운한 것이 '진작부터 산을 탈 걸.' 하는 후회가 들었습니다. 더군다나 이렇게 산을 타고 나서 좋은 분들과 술 한잔 하니 이보다 더 좋을 수는 없을 것 같습니다. 한국 사람들이 등산을 좋아하는 이유가 무언가 정상을 향해 질주하는 본성이 등산과 비슷해서라던데, 맞나요? 그런데 제가 이 모임에 와보니 정상에 올라가면서 서로 담소도 나누고, 뒤처지는 사람이 있으면 함께 격려하며 올라가는 모습이 참 마음 따뜻하게 느껴졌습니다. 산 정상에 오르는 것도 중요하지만 어떻게 오르느냐도 참 중요하지 않습니까? 그래서인지 이 모임이 더욱 기분 좋게 느껴집니다. 앞으로 빠지지 않고 등산 모임에 참석하도록 하겠습니다. 이 산악회 모임에 초대해주신 여러분께 다시 한 번 진심으로 감사드립니다. 감사합니다.

스피치 Tip

모임에 온 사람들을 칭찬하는 멘트만큼 최고로 좋은 스피치는 없습니다. 모임을 소개해준 사람에게 감사한 마음을 전하고, 등산하면서 느낀 점을 기억해두었다가 자기소개에 활용해보세요.

—

대학원 오리엔테이션
자기소개

🎤 케이스 1 **대학원 오리엔테이션에서는 겸손하자**

키워드

> 큰 산을 옮기려면 작은 돌부터 옮겨라.
>
> – 공자 –

예 안녕하세요. 반갑습니다. ○○○입니다. 저는 ○○회사를 18년째 운영하고 있습니다. 저희 회사는 골프용품 유통회사인데요, 어렸을 때부터 사업을 시작해 세어보니 햇수로 18년이 되었더라고요. 그동안 사업을 하면서 현장에 대한 경험은 쌓을 수 있었지만 항상 경영이론과 지식에 대한 갈급함이 있어 이렇게 MBA에 지원하게 되었습니다. 앞으로 교수님, 원우님과 함께 제 부족한 부분을 하나하나 채워나가고 싶습니다. 그런데 저는 오늘 오리엔테이션에 와보고 정말 깜짝 놀랐습니다. 다들 나이가 젊고 어리셔서 한번 쭉 둘러보니 제가 가장 나이가 많겠더라고요. 저는 여러분들 나이에 이렇게 대학원에 다녀야겠다는 생각을 못 했었는데 정말 대단한 것 같습니다. 앞으로 여러분과 함께 좋은 인연이 되었으면 합니다. "큰 산을 옮기려면 작은 돌부터 옮겨라."라는 말이 있잖아요. 욕심 부리지 않고 천천히, 그러면서도 성의 있게 대학원 공부에 임하겠습니다. 여러분 다시 한 번 만나 뵙게 되어 정말 반갑습니다.

스피치 Tip

자기소개의 핵심은 크게 3가지입니다. 첫째, 짧게 하라. 둘째, 이각(이유+각오)을 기억하라. 셋째, 모임에 온 사람을 가급적 칭찬하라.

 케이스2 **자신의 상황을 곰곰이 생각해보자**

키워드

삶의 큰 전환점, 터닝 포인트

예 안녕하세요. 반갑습니다. ○○○입니다. 저는 ○○회사 홍보실에서 근무하고 있습니다. 주로 언론 응대, 사보제작 등의 업무를 하고 있습니다. 예전부터 대학원에 와서 공부하고 싶다는 생각을 많이 했었는데 회사생활을 하다 보니 여유를 내는 것이 쉽지 않았습니다. 하지만 '더이상은 미룰 수 없다.'라는 생각에 이렇게 도전하게 되었습니다. 이 도전이 제 삶의 큰 전환점, 터닝 포인트가 될 수 있도록 열심히 하겠습니다. 원우 여러분, 많이 도와주십시오. 감사합니다.

스피치 Tip

참 별 말 아니지만 갑자기 생각하려고 하면 멍해지는 것이 바로 퍼블릭 스피치(public speech)입니다. 자신이 하고 있는 일, 그리고 왜 이곳에 오게 되었는지 천천히 여유를 가지고 생각해보세요.

자기소개의 핵심은 크게 3가지입니다.

첫째, 짧게 하라. 둘째, 이각을 기억하라.

셋째, 모임에 온 사람을 가급적 칭찬하라.

골프 모임
자기소개

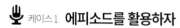 케이스1 **에피소드를 활용하자**

키워드

> 인연은 낯선 곳에서 와서
> 나도 모르는 어딘가로 이어져 간다.
>
> – 마크 트웨인–

안녕하세요. 반갑습니다. ○○○입니다. 이렇게 골프 모임에 와서 여러분을 뵈니 '이 모임에 정말 잘 왔구나.'라는 생각이 들었습니다. 저는 골프를 친 지 5년이 되었는데요. 사실 잘 치지는 못합니다. 특히나 스윙 자세가 안 좋아 고치려고 애를 많이 썼었는데, 오늘 골프를 치면서 ○○○ 회장님이 "스윙 자세가 참 좋다!"라는 말씀을 옆에서 해주시는 거예요. 얼마나 감사했는지 모릅니다. 이렇게 좋은 분들과 함께 골프 모임을 할 수 있어 정말 반갑습니다. 이런 말이 있더라고요. "인연은 낯선 곳에서 와서 나도 모르는 어딘가로 이어져 간다." 여러분과 이렇게 만난 것이 처음에는 낯선 우연일 수 있지만, 서로 관계를 잘 맺어서 또 다른 인연으로 깊게 이어져 나갔으면 좋겠습니다. 감사합니다.

> **스피치 Tip**
>
> 자기소개를 할 때는 현장형 에피소드를 활용해보세요. 현장형 에피소드란 현장에서 사람들이 한 말과 행동을 관찰한 뒤 그것을 재료로 삼아 말하는 것입니다. 그렇게 하면 공감대가 훨씬 잘 형성됩니다.

 케이스2 **골프에 대한 애정을 담아 자기소개를 하자**

키워드

골프는 참 정이 느껴지는 운동이다.

예 안녕하십니까? 반갑습니다. 방금 소개받은 ○○○입니다. 제가 골프를 잘 친다고 소개를 해주셨는데요, 정말 부끄럽습니다. 앞에 계신 모임 분들의 실력이 더욱 대단하실 것 같은데 제가 그런 칭찬을 받아도 되는지 모르겠습니다. 저는 골프를 잘 치지는 못하지만 참 좋아하기는 합니다. 사람들과 아침에 만나 골프장으로 출발해 하루 종일 함께 운동하다가 저녁에 술 한잔까지 할 수 있는 운동이 골프 말고 어디 있겠습니까. 골프는 참 정이 느껴지는 운동인 것 같습니다. 여러분과 함께 앞으로도 진한 정을 나누었으면 좋겠습니다. 감사합니다.

스피치 Tip

자기소개는 논리적일 필요가 없습니다. 스피치는 논리보다는 감성이 우선입니다. 골프에 대한 평소 자신의 생각과 감정을 표현해보세요.

인맥 모임
자기소개

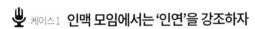 케이스1 **인맥 모임에서는 '인연'을 강조하자**

키워드

> 한 번 만나면 우연이고, 두 번 만나면 필연이고,
> 세 번 만나면 인연이고, 네 번 만나면 운명이다.

(예) 여러분, 안녕하세요. 반갑습니다. 이렇게 좋은 모임에 초대해 주신 ○○○ 회장님께 진심으로 감사드립니다. 오늘 오면서 어떤 분들이 이 모임에 계실까 궁금하기도 하고 설레기도 했는데, 생각한 대로 좋은 분들이 많이 계셔서 정말 기분이 좋습니다. 저는 현재 ○○기업에서 임원으로 일하고 있습니다. 회사생활을 한 지는

30여 년이 되었고, ○○업무를 담당하고 있습니다. 바쁘게 일하다 보니 모임에 와서 좋은 분들을 만날 여유가 없었는데, 이렇게 여러분을 뵙게 되니 얼마나 기분 좋은지 모릅니다. 인연에 관한 명언 가운데 이런 말이 있더라고요. "한 번 만나는 것은 우연이고, 두 번 만나는 것은 필연이고, 세 번 만나면 인연이다. 그리고 여기에 한 번을 더 더해 네 번 만나면 운명이다." 저는 여러분과 단순한 우연이 아닌 운명으로 좋은 만남을 이어갔으면 합니다. 감사합니다.

스피치 Tip

명언을 넣어 말할 때는 명언만 툭 말하는 것이 아니라 명언 앞에 "이런 말이 있더라고요."라는 추임새를 넣어보세요. 그럼 명언을 표현하기가 한결 쉬워질 겁니다. 그리고 명언이 너무 길면 짧게 간추려도 좋습니다. 그냥 "세 번 만나면 인연이다."까지만 말해도 됩니다.

🎤 케이스2 **솔직함을 담아보자**

키워드

각자의 분야에서 열심히 뛰어온 사람들은
존경받을 만하다.

（예） 안녕하세요. 반갑습니다. ○○○입니다. 저는 현재 친환경 관련 사업을 하고 있습니다. 사업을 한 지는 30년 정도가 되었고요. 그동안 열심히 일만 하다 보니 어느 정도 사업을 올려놓긴 했지만 일 이외에는 한 것이 별로 없는 것 같아 내내 아쉬움이 남았었습니다. 일도 좋지만 이제는 마음 맞는 사람들과 만나 서로 정보도 나누고 인연도 맺고 싶어 이렇게 모임에 나왔는데요. 모임에 나오니 참 기분이 좋네요. 다들 각자의 분야에서 열심히 뛰어온 분들을 뵈니 존경스러우면서 제가 많이 배워야겠다는 생각을 했습니다. 앞으로 잘 부탁드립니다. 감사합니다.

스피치 Tip

솔직한 것만큼 좋은 자기소개는 없습니다. 너무 멋진 말을 하려고 하다 보면 오히려 부담스러워 말을 못 하게 될 가능성이 많습니다. 그냥 툭 내려놓고 솔직하고 편안하게 말해보세요.

최고위 과정
자기소개

🎤 케이스1 **명언은 가슴에서 나오는 것임을 명심하자**

키워드

> 세상의 돈을 다 주어도
> 잃어버린 1분은 살 수 없다.

예 여러분 반갑습니다. 모임에서 자기소개를 해야 할 때마다 무슨 말을 해야 할지 참 어려운 것 같습니다. 그런데 여러분은 말씀을 정말 잘하시네요. 놀랐습니다. 저는 현재 ○○기업을 운영하고 있습니다. 사업을 시작한 지는 20여 년이 되었고요. 열심히 재미있게 사업하려고 노력중이지만 너무나 부족한 점이 많아 이렇게

○○대학교 최고위 과정에 지원하게 되었습니다. 여러분과 함께 제 부족한 부분을 채워나갔으면 좋겠습니다. 요즘 들어 시간에 대한 소중함을 새삼 느끼게 됩니다. 시간은 돈으로 살 수가 없죠. 집도 차도 모두 돈으로 살 수 있지만 시간은 단 1분 1초도 돈을 주고 살 수 없습니다. 그래서 흘러가는 시간이 더욱 아쉽기만 합니다. 저는 이렇게 소중한 시간을 여러분과 함께 좋은 추억을 만들며 의미 있게 보내도록 하겠습니다. 감사합니다.

스피치 Tip

명언은 머리에서 나오는 것이 아니라 가슴에서 나와야 합니다. 스스로도 공감하지 못하는 명언은 영혼이 없는 소리밖에 되지 않습니다. 시간이 정말 중요하다는 진심을 담아 표현해보세요.

 케이스2 **자신만의 레퍼토리를 활용하자**

키워드

사람은 빚을 내서라도 배워야 한다.

예 안녕하십니까? 방금 소개받은 ○○○라고 합니다. 앞에 자기 소개하는 분들을 뵈니 이 최고위 과정에 정말 대단한 분들과 함께 하는 것 같습니다. 이렇게 만나 뵙게 되어 정말 영광입니다. 저는 현재 ○○○ 관련 사업을 하고 있습니다. 예전에 저희 어머니께서 제게 항상 해주시던 말씀이 "사람은 빚을 내서라도 배워야 한다." 였습니다. 그런데 돌아보니 매일 일만 했지, 배우는 것을 게을리 한 것 같아 이렇게 최고위 과정에 지원하게 되었습니다. 다시 학생으로 돌아가 열심히 수학하도록 하겠습니다. 앞으로 잘 부탁드 립니다. 감사합니다.

스피치 Tip

노래에 레퍼토리가 있듯 스피치에도 레퍼토리가 있습니다. 자신만의 스 피치 레퍼토리를 만들어보세요. 언제 어디서든 활용할 수 있는 레퍼토리 가 있으면 절대 떨리지 않습니다.

一

조찬 모임
자기소개

 케이스 1 **스몰토크를 활용하자**

키워드

> 아무리 작은 것이라도
> 꾸준히 하는 사람을 이길 수는 없다.

⏺ 여러분, 반갑습니다. 저는 ○○회사에서 근무하고 있는 ○○○입니다. 와, 오늘 정말 많은 분들이 오셨네요. 이렇게 많은 분들이 참석하는 조찬 모임은 처음 봅니다. 이 모임의 인기를 체감할 수 있을 것 같습니다. 제가 앉아서 다른 분들과 이야기를 나눠보니 저 멀리 광주에서 오신 분들도 계시고, 그보다도 더 먼 부산에서 올

라오신 분들도 계시더라고요. 교통이 발달해서 예전보다 빨라졌다고는 하지만 부산에서 서울까지 KTX로 2시간 넘게 걸리죠. 새벽 4시에는 일어나서 올라오신 것 같은데 이 모임에 대한 열정이 정말 대단하다는 생각을 했습니다. 제가 얼마 전에 읽은 책에 이런 내용이 있더라고요. "아무리 작은 것이라도 꾸준히 하는 사람을 이길 수는 없다." 조찬 모임에 참석해 좋은 교육도 듣고 정보를 교류하는 것도 좋겠지만, 일단 제 목표는 이 모임에 결석하지 않고 꾸준히 출석하는 것입니다. 열심히 참석하도록 하겠습니다. 앞으로 여러분과 좋은 인연 맺었으면 합니다. 감사합니다.

> **스피치 Tip**
>
> 자기소개를 하기 전 모임에 온 사람들과 스몰토크(small talk)를 나눠보세요. 자기소개에 활용할 만한 좋은 에피소드를 얻을 수 있을 겁니다.

🎤 케이스 2 자신의 고급 정보를 공유해보자

키워드

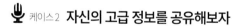

정보 교류도 많이 하고 좋은 인연도 맺고 싶다.

(예) 안녕하십니까? 반갑습니다. ○○○입니다. 이른 아침인데도 이렇게 많은 분들이 모이셨네요. 여러분 정말 대단하십니다. 저는 현재 ○○기업에서 일하고 있습니다. 제가 주로 하는 일은 일본의 좋은 전자제품을 한국으로 들여오는 것인데, 요즘 일본의 분위기가 예전보다 많이 좋아진 것 같아요. 어제도 일본으로 출장을 다녀왔는데 도쿄 거리의 사람들도 활력이 넘치고 무엇보다 좋은 제품들이 쏟아져 나오고 있어 '예전보다 일본 경기가 많이 좋아지고 있구나.' 하고 느낄 수 있었습니다. 우리나라도 빨리 좋아져야 할 텐데 말입니다. 세상이 빠르게 변화하고 있는 만큼 앞으로 이 모임을 통해 여러분과 정보 교류도 많이 하고 좋은 인연도 맺었으면 좋겠습니다. 감사합니다.

스피치 Tip

자신이 가지고 있는 전문성과 관련된 고급 정보를 사람들과 나눠보세요. 사람들은 새로운 정보를 좋아합니다.

자기소개를 하기 전

모임에 온 사람들과 스몰토크를 나눠보세요.

자기소개에 활용할 만한 좋은 에피소드를 얻을 수 있을 겁니다.

자기계발 모임
자기소개

 케이스1 **시즌성 에피소드를 활용해보자**

키워드

결핍만큼 좋은 동기부여제는 없다.

📢 여러분, 반갑습니다. 저는 ○○회사에서 근무하고 있는 ○○○라고 합니다. 오늘이 바로 경칩이더라고요. 경칩에는 땅속에 있던 동물이 깨어나고 개구리가 운다고 하는데요, 본격적으로 봄이 시작되려는 것 같습니다. 이렇게 봄이 오니 새해에 세웠던 계획들이 다시 떠올랐는데요, 그 중 하나가 바로 '스피치 교육'이었습니다. 사실 '말을 꼭 배워야 하나? 배운다고 잘하게 될까? 아니야, 안 될 거

야. 말은 타고나는 거지.' 이렇게 생각했었는데, 회사에서 직급이 올라가다 보니 프레젠테이션을 할 기회도 많아지고 또 부하 직원들과의 원활한 의사소통도 필요해서 이렇게 스피치 특강에 오게 되었습니다. "결핍만큼 좋은 동기부여제는 없다."라는 말이 있죠. 지금의 제가 가지고 있는 스피치에 대한 결핍이 스피치 달인으로 가는 기폭제 역할을 해주었으면 좋겠습니다. 여러분도 오늘 교육을 통해 많은 변화가 생기길 바랍니다. 감사합니다.

스피치 Tip

자기소개시 시즌성 에피소드를 활용해보세요. 시즌성 에피소드란 절기, 계절, 그때의 핫이슈를 말합니다. 딱딱한 스피치에 생생한 느낌을 불어넣어줄 수 있습니다.

 케이스2 **진행되는 교육에 대한 기대감을 표현해보자**

키워드

배우고 때때로 익히면 또한 즐겁지 아니한가.

-공자-

（예） 안녕하세요. 반갑습니다. 오늘 정말 많은 분들이 오셨네요. 퇴근하고 나서 이렇게 자기계발을 위해 시간을 투자하는 여러분, 정말 대단하십니다. 저는 자주는 아니지만 이렇게 종종 좋은 교육이 있으면 참석하려고 노력합니다. 사실 교육에 오기 전에는 '사람들과 술 한잔 하고 싶다.' '집에 일찍 갈까?' 등 많은 갈등을 하지만 교육을 듣고 나서는 '와~ 정말 오기 잘했다. 이 교육에 안 왔으면 너무 후회할 뻔했다.'라는 생각을 하곤 합니다. 오늘도 많은 갈등을 물리치고 이 자리에 왔습니다. 오늘 교육은 ○○○과 관련된 내용이던데 제가 정말 궁금해하던 내용이에요. "배우고 때때로 익히면 또한 즐겁지 아니한가."라는 말이 있듯이 오늘 꼭 많은 배움을 얻어갔으면 좋겠습니다. 감사합니다.

스피치 Tip

자기계발 모임에서는 오늘 진행되는 교육과 그 교육을 진행할 강사에 대한 존경심을 자기소개에 표현해보세요. 강사의 인격과 함께 자신의 인격도 올라갈 겁니다.

독서 모임
자기소개

🎤 케이스1 **마음속에 품은 단어나 문장을 공유해보자**

키워드

> 성공한 사람은 비범한 일을 하는 사람이 아니라
> 평범한 일을 비범하게 하는 사람이다.

🔘 예 안녕하세요. 반갑습니다. 오늘 처음으로 독서 모임에 나왔는데요. 새벽에도 이렇게 자기계발을 위해 노력하시는 분들을 뵈니정말 제 자신이 부끄러워집니다. 앞으로 저도 제 자신을 위해 더욱노력해야겠습니다. 저는 주로 책을 통해 동기부여를 하는데요, 지금도 제 마음속에 항상 화두로 삼고 있는 책 속의 말이 있습니다.

『이기는 습관』이라는 책에 나왔던 "성공한 사람은 비범한 일을 하는 사람이 아니라 평범한 일을 비범하게 하는 사람이다."라는 말입니다. 사람들은 대개 비범한 일을 해야 성공할 수 있다고 생각하는데요, 제가 성공한 사람들을 쭉 보니 비범한 일을 해낸 사람들보다 평범한 일도 남들과 다르게 하려고 노력한 사람들이 더 많았습니다. 이렇게 저는 책 속에 담긴 좋은 말들을 마음속에 품고 하루하루 열정적으로 살아가려 노력하고 있습니다. 오늘 독서 모임을 통해 제 마음속 화두가 될 수 있는 멋진 말을 얻어갔으면 좋겠습니다. 감사합니다.

스피치 Tip

자신의 마음속에 품고 있는 단어와 문장을 사람들과 나눠보세요. 나의 인격적인 모습을 훨씬 더 잘 표현할 수 있습니다.

 케이스2 **자기소개에 현장 분위기를 반영해보자**

키워드

뭐든지 누군가와 함께하면 어렵지 않다.

（예）　안녕하십니까? 반갑습니다. 저는 ○○○라고 합니다. 어떤 분들이 독서 모임에 오실까 궁금했었는데요, 나이 어린 대학생 친구들부터 60대 분들까지 계셔서 정말 깜짝 놀랐습니다. 다들 이렇게 자기계발을 위해 노력하시는 모습, 정말 존경스럽습니다. 뭐든지 옆에서 누군가와 함께하면 어렵지 않게 할 수 있는 것 같습니다. 독서라는 것이 정말 필요하지만 이런저런 이유로 꾸준히 하기는 참 어려운데 여러분과 함께 꾸준히 좋은 책을 읽었으면 좋겠습니다. 좋은 책을 많이 추천해주십시오. 감사합니다.

스피치 Tip

모임에 갔을 때 현장에서 느낀 점을 스케치한 뒤 그것을 말로 표현해보세요. 특별한 이야기가 아니더라도 같은 현장에 있는 사람들에게는 큰 공감을 얻을 수 있습니다.

자신의 마음속에 품고 있는 단어와 문장을

사람들과 나눠보세요.

一

저녁 식사 모임
자기소개

🎤 케이스1 **감성 표현을 부끄러워하지 말자**

키워드

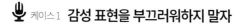

행복은 셀프입니다.

🔵 여러분, 이렇게 만나 뵙게 되어 정말 영광입니다. 저는 ○○○입니다. 이렇게 알찬 교육도 듣고, 좋은 분들과 맛있는 식사도 할 수 있어 얼마나 기쁜지 모릅니다. 여러분은 살면서 어떤 가치가 제일 중요하다고 생각하십니까? 젊었을 때는 일하느라 정신이 없었는데 나이가 좀 드니 '내 인생에서 가장 중요한 가치가 무엇인가?'라는 생각을 하게 되더라고요. 그러면서 머릿속에 자연스럽게 떠오

른 것이 바로 '행복'이라는 단어였습니다. 저는 행복하게 사는 것이 가장 중요하다고 생각합니다. 그런데 생각해보니 행복은 누가 가져다주는 것이 아니더군요. 행복은 셀프인 것 같습니다. 스스로 행복해지려는 노력이 필요한데요, 여러분도 이 모임을 통해 더욱 행복해지셨으면 좋겠습니다. 감사합니다.

스피치 Tip

'행복'이라는 단어가 너무 낯간지럽다는 리더들이 많습니다. 어느 영화에 이런 대사가 나왔었죠. "내가 너무 감성적이라고? 그래, 맞아. 그런데 살아보니 감성이 전부야." 이 말처럼 감성은 인생에서 굉장히 중요한 부분입니다. 감성 표현을 너무 부끄러워하지 마세요.

 케이스2 **저녁 식사 모임 자기소개는 짧게 하자**

키워드

가장 좋은 자기소개는 짧게 하는 것이다.

예 안녕하십니까? 반갑습니다. 저는 ○○○입니다. 항상 자기소개를 할 때마다 무슨 말을 해야 하나 고민이 되는데요. 가장 좋은 자기소개는 짧게 하는 것이라고 하더라고요. (웃음) 저는 짧게 하도록 하겠습니다. 저는 ○○회사를 운영하고 있습니다. 기업에서 근무를 하다 사업을 시작한 지는 얼마 되지 않았습니다. 사업을 하다 보니 여러 시행착오도 거치고 있지만 그래도 재미있게 열심히 하려고 노력하고 있습니다. 오늘 와보니 사업을 오래 하신 분들이 많이 계시던데 좋은 말씀 마음속에 꼭 새기도록 하겠습니다. 감사합니다.

스피치 Tip

저녁 식사를 하면서 하는 자기소개에 길게 스피치를 하는 것은 결례입니다. 누군가의 말을 듣는 것보다 맛있는 식사를 하는 것이 훨씬 더 즐거운 일이니까요.

사교 모임
자기소개

🎤 케이스1 **직업에 대해 말할 때는 일에 대한 소명을 밝혀보자**

키워드

> 현생에서 인연을 맺으려면
> 전생에 2천 번의 옷깃 스침이 있어야 한다고 한다.

예 안녕하세요. 저는 ○○○입니다. 저는 현재 '라온제나'라는 스피치 아카데미를 운영하고 있습니다. 라온제나는 '즐거운 나'라는 순우리말입니다. 저는 사람들이 무대에서 진정으로 즐거운 나를 만들 수 있도록, 즉 '라온제나'가 될 수 있도록 도와주는 역할을 하고 있습니다. 여러분 중에 스피치에 대한 고민을 가진 분이 계시다면 언제든 말씀해주세요. 제가 성실히 답해드리겠습니다. 저는 인연이라는 것을 굉장히 중요하게 생각하는데요, 불교에서는 현생에서 인연을 맺으려면 전생에 2천 번의 옷깃 스침이 있어야 한다고 말합니다. 저는 이렇게 어렵게 맺은 여러분과의 인연을 소중히 생각하며 앞으로도 계속 이어나가고 싶습니다. 감사합니다.

스피치 Tip

자기소개에서 자신의 직업에 관한 소명(calling)을 이야기하면 훨씬 더 멋있어 보입니다. 단지 돈을 벌기 위해 일하는 것이 아니라 그 일에 큰 보람을 느끼며 열정적으로 일하는 모습이 함께 떠오르기 때문입니다.

 케이스2 **평범한 말도 의미 있게 전달해보자**

키워드

좋은 사람을 만나려면
'나'부터 좋은 사람이 되어야 한다.

(예) 안녕하십니까? 방금 소개받은 ○○○입니다. 저는 모임이 많지는 않지만 모임을 하다 보면 할 수 없이 나가야 하는 모임이 있는가 하면, '꼭 가고 싶다!'라는 생각에 가게 되는 모임이 있더라고요. 오늘 이 모임에 처음 와서 여러분을 뵈니 다들 따듯하시고 편안해 보이셔서 나중에도 이 모임에 '꼭 와야겠다.'라는 생각이 들었습니다. 좋은 사람을 만나려면 '나'부터 좋은 사람이 되어야 한다고 생각합니다. 부족한 능력이지만 여러분과 함께 많은 것을 나누며 좋은 인연 만들어가면 좋겠습니다.

Leader's Speech

비즈니스 스피치

과거 쇼핑호스트로 근무하던 시절, 야유회 때 일 이야기를 하는 상사를 본 적이 있다. 퇴사하는 직원에게 마지막까지도 일을 잘못했다고 잔소리하는 상사도 본 적이 있다. 회식을 하는데 이 회식을 왜 하는지 회식의 의미에 대해 이야기 해주기보다는 그냥 밥 먹고 술만 먹는 상사도 많이 봤다. 또한 직장 내 프레젠테이션을 할 때 제대로 된 오프닝 없이 바로 본론으로 들어가 '도대체 내가 왜 이 발표를 들어야 하는 거야?'라는 생각이 들 정도로 프레젠테이션의 필요성을 전혀 느끼지 못하게 하는 발표자도 많이 봤다.

비즈니스 현장에서의 말은 곧 '돈'이다. 돈이 되는 스피치를 해야 한다. 그냥 설명하라고 스피치 자리를 만들어준 것이 아니다. 설명이 아닌 설득을 해야 하는 것이 리더의 스피치다. 비즈니스 스피치를 할 때는 그냥 잘해보자라는 추상적인 말

대신 사람들의 마음속에 울림을 줄 수 있는 '명언' 한마디를 넣어보자. 스피치를 할 때 명언을 넣어 말하는 것을 어색해하고 어려워하는 사람들이 있다. 하지만 명언은 말의 깊이를 깊게 만드는 역할도 하지만 구체적인 말할 거리를 제공해주어 말하기도 편하고, 듣기도 편하게 만든다.

명언을 말할 때 주의해야 할 점은 딱 하나다. 명언의 인격과 자신의 인격이 맞아 떨어져야 한다는 점이다. 예를 들어 "다르게 살아야 다르게 살 수 있다."라는 말을 부하 직원에게 한다고 하자. 자신은 다르게 살지 않으면서 이 말을 하게 되면 그 말은 그저 영혼 없는 메아리에 불과하다. 스스로 그렇게 살아야 그 말이 다른 사람의 마음을 뚫게 되는 것이다. 직장 내에서 부하 직원을 동기부여하고 싶은가? 그럼 본인부터 먼저 동기부여가 되어 있어야 한다.

一

시무식
스피치

🎤 케이스1 **재치 있는 명언으로 직원을 독려하자**

키워드

> ### 성공한 사람은 삼심(三心)이 있다.
> ### 초심, 열심, 뒷심.

📢 여러분~ ○○○입니다. 새해 첫 업무가 시작되었습니다. 올해
는 우리 회사가 창립 10주년이 되는 해입니다. 벌써 10년이라는
세월이 흘렀네요. 그동안 우리는 참 많은 어려움을 이겨내고 이
자리에 왔습니다. 이제 창립 10주년을 맞이해 올해는 우리가 더욱
건승하는 한 해로 만들어야 할 텐데요, 사람이 어떤 일에 성공하려

면 삼심(三心)이 있어야 한다고 합니다. 첫째는 '초심'입니다. 무엇을 하든 처음 시작할 때의 초심을 잊지 않는 것이 중요합니다. 우리가 처음 이 사업에 뛰어들었을 때는 너무 생소한 사업이라 우리의 전망을 좋게 보는 사람이 없었습니다. 하지만 초심을 잊지 않고 노력한 결과 지금의 우리를 만들 수 있었습니다.

둘째는 '열심'입니다. 여러분, 현재 우리는 많은 위기를 안고 있습니다. 새로운 경쟁사들이 나타나면서 시장은 경쟁 상태로 들어갔습니다. 우리가 최선을 다하는, 즉 열심히 하는 마음을 가지지 않으면 언제든지 위기가 닥칠 수 있습니다. 우리, 열심히 뛰어봅시다.

삼심의 마지막은 바로 '뒷심'입니다. 어떤 일을 하든 마지막이 중요합니다. 어려운 프로젝트일수록 확인하고 또 확인해 끝까지 뒷심을 발휘할 수 있도록 노력해봅시다. 그렇게 하면 올해, 우리가 원하는 결과를 반드시 만들어낼 수 있을 것입니다. 여러분, 우리는 할 수 있습니다. 아자아자 파이팅!

스피치 Tip

초심, 열심, 뒷심. 이 3가지 키워드를 외우지 않고서는 이 명언을 활용해 말할 수 없습니다. 머릿속에 삼심(초심, 열심, 뒷심)을 꼭 기억하세요.

🎤 케이스2 한 해의 목표와 자신감을 강조하자

키워드

생각보다 어렵지 않다. 지레 겁먹을 필요 없다.

💬 안녕하십니까? ○○○입니다. 이렇게 한 해가 저물고 새로운 한 해가 시작되었습니다. 여러분 새해 계획 잘 세우셨습니까? 여러분의 얼굴을 보니 '올해 한번 잘 이루어내보자.'라는 각오가 느껴지는데요, 아주 좋습니다. 무언가 새로운 시작을 할 때 꼭 기억해야 할 것이 있습니다. 그것은 바로 '생각보다 어렵지 않다.'입니다. 사람들은 처음 무언가를 할 때 '어려울 것이다.' '복잡할 것이다.'라고 생각하며 지레 겁을 먹는 경우가 많습니다. 하지만 뭐든지 몸을 움직여 하다 보면 생각보다 어렵지 않게 목표에 도달할 수 있습니다. 우리 모두 자신감을 가지고 올해 열심히 뛰어봅시다.

스피치 Tip

기업의 크레도(credo: 가치, 신조) 또는 한 해 동안 마음속에 꼭 품었으면 하는 명언을 넣어 신년사를 만들어보세요.

기업의 크레도 또는 한 해 동안 마음속에 꼭 품었으면 하는

명언을 넣어 신년사를 만들어보세요.

一

종무식
스피치

🎙 케이스1 **직원들에게 동기부여를 해주자**

키워드

> "할 수 있다! 해낼 수 있다!"라는 말을
> 100번 쓰고 말해보자.
> 그럼 정말 할 수 있게 된다.

🔵 여러분, 시간 정말 빠르죠? 시무식 한다고 한 지가 엊그제 같은데 벌써 한 해를 마무리하는 종무식을 하다니 말이에요. 여러분은 올해 어땠습니까? 어떻게 보내셨나요? 올해를 시작할 때 우리는 3가지 약속을 했습니다. 첫째, 매출 천억 원 달성. 둘째, 시장점

유율 30% 달성. 셋째, 각자가 하고 싶어하는 자기계발 실천하기. 여러분, 기억납니까? 아쉽게도 시장 점유율 30%는 도달하지 못했지만 우리가 열심히 한 결과 매출 천억 원을 달성했습니다. 우리 스스로에게 큰 박수 한번 칠까요? (박수) 정말 고생 많으셨습니다. 저는 올해를 돌아보니 여러분에게 '참 고맙다.'라는 생각과 '우리가 함께 계획하고 노력하면 못해낼 것이 없구나.'라는 생각이 들었습니다. 아무리 어려운 일이 있더라도 '우리는 할 수 있다! 해낼 수 있다!'라는 마음으로 도전한 결과, 매출 천억 원이라는 장벽을 이리 잘 넘지 않았습니까? 이런 열정과 자신감이라면 내년에도 우리는 잘 해내리라 믿습니다. 정말 한 해 동안 고생 많았고 내년에도 우리 모두 파이팅합시다. 아자아자 파이팅! 여러분, 함께 따라 해볼까요? 아자아자 파이팅! 감사합니다.

스피치 Tip

리더는 뛰어난 업무 능력도 필요하지만 사람을 동기부여시킬 수 있는 능력 또한 가지고 있어야 합니다. 리더가 동기부여되어 있지 않다면 부하 직원을 이끌 수 없기 때문입니다.

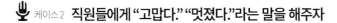 케이스2 **직원들에게 "고맙다." "멋졌다."라는 말을 해주자**

키워드

서로의 마음과 힘을 합친다면
뭐든지 이루어낼 수 있다.

(예) 여러분, 올해 어떻게 보내셨습니까? 시간이 참 빨리 지나가죠? 시무식을 한 지 얼마 되지도 않은 것 같은데, 이렇게 종무식이라니 1년이 너무나 짧게 느껴집니다. 정말 한 해 동안 고생 많았습니다. 연초에 우리는 3가지 목표를 세웠었는데 여러분이 열심히 뛰어준 덕분에 좋은 결과를 얻을 수 있었습니다. 항상 늦게까지 고생하고 성의를 다해주는 우리 직원들에게 먼저 고맙다는 말을 전하고 싶습니다.

우리는 올해 정말 멋졌습니다. 내외부적으로 많은 어려움이 있었지만 그것을 슬기롭게 이겨냈습니다. 특히나 지난 7월 우리 회사의 향후 먹을거리를 가져다줄 중요한 프로젝트 경쟁에서 우리가 승리를 해 얼마나 기뻤는지 모릅니다. 그 프로젝트를 담당한 팀, 그리고 옆에서 지원해준 팀원들, 정말 멋졌습니다. 여러분, 우리가 이렇게 마음과 힘을 합친다면 뭐든지 이루어낼 수 있을 것입니다. 새롭게 시작하는 한 해도 우리 멋지게 승승장구해봅시다. 감사합니다.

스피치 Tip

말하고자 하는 내용을 2가지 또는 3가지로 구분해보세요. '첫째, 우리 직원들 고맙다. 둘째, 멋졌다.' 이렇게 말하고자 하는 내용을 2가지로 나누어서 말하면 훨씬 더 논리적인 스피치를 할 수 있게 됩니다.

一

송년사
스피치

🎤 케이스1 **고마움과 격려를 전해보자**

키워드

> # 하면 는다.

㉮ 여러분, 한 해 동안 정말 고생 많았습니다. 이렇게 한 해의 마무리를 가족들과 함께할 수 있어 더욱 기분이 좋네요. 한 해를 정리하면서 많은 생각이 들었습니다. 첫째는 여러분께 고맙다는 것입니다. 올해는 전반적으로 경기도 좋지 않았고 경쟁사들이 분발하는 바람에 우리가 참 힘거운 싸움을 했는데요, 그래도 여러분 덕분에 어려운 시기를 잘 견딜 수 있었습니다.

둘째는 파이팅하자는 것입니다. 저는 한 해 동안 파이팅이라는 말을 계속 되새기며 하루하루 살았습니다. "하면 는다."라는 말이 있죠? 뭐든지 열심히 하다 보면 잘할 수 있을 거라는 생각으로 파이팅했더니 어느덧 좋은 결과물을 얻을 수 있었습니다. 여러분! 하면 늘게 되어 있습니다. 그리고 늘면 잘할 수밖에 없습니다. 우리 내년 한 해도 서로 파이팅하며 하나하나 미션을 잘 해결해갔으면 합니다. 여러분, 정말 감사합니다.

 케이스2 **직원에게 힘을 주는 파이팅을 담아라**

키워드

어려운 시기를 잘 이겨내다.

예 여러분, 올해 열심히 해주셔서 정말 고맙습니다. 올해 정말 어려운 일이 많았지만 현명하게 이겨내준 우리 직원들, 정말 자랑스럽습니다. 올해 경기 침체에 메르스 사태의 여파로 정말 쉽지 않은 시간들의 연속이었습니다. 그래도 여러분들이 힘써준 덕분에 큰 어려움 없이 한 해를 알차게 보냈습니다. 내년 한 해도 힘을 내서 하나하나 어려운 고비를 이겨냈으면 합니다. 여러분, 정말 한 해 동안 고생 많으셨습니다. 감사합니다.

스피치 Tip

송년사는 "한 해 동안 고생 많았다."라는 내용으로 직원들을 독려해주세요. 안 좋았던 이슈는 잠시 내려놓고 말입니다. 그래야 직원들이 다시 일할 힘을 얻습니다.

출장 다녀온 후의
스피치

케이스1 **출장 경험 공유로 직원의 아이디어를 자극하자**

키워드

> 세상에는 세 종류의 기업이 있다.
>
> 첫째, 일을 내는 기업.
>
> 둘째, 일이 벌어지는 것을 옆에서 지켜보는 기업.
>
> 셋째, 무슨 일이 있나 하며 의아해하는 기업.

안녕하십니까? ○○○입니다. 여러분 덕분에 출장 잘 다녀왔습니다. 이번에 독일 베를린 박람회 출장을 다녀오며 저는 여러 생각이 들었는데요, 특히 '세상은 참 빠르게 변화하고 있구나.'라는 생각이 강하게 들었습니다. 중국과 일본의 기업들이 박람회에 내놓은 제품들을 보니 정말 입을 다물 수 없을 정도로 놀라웠는데요, 상대적으로 한국 기업들이 내놓은 제품들은 많지도 않고 이슈도 되지 않아 아쉬움이 컸습니다.

여러분, 세상에는 세 종류의 기업이 있다고 합니다. 첫째는 '세상에 일을 내는 기업', 계속 혁신적인 제품을 내놓는 기업이죠. 둘째는 '일이 벌어지는 것을 옆에서 지켜보는 기업', 즉 본인들은 좋은 상품을 못 만들어내고 옆에서 부러워하는 기업이죠. 그래도 이런 기업은 그나마 낫습니다. 제일 안 좋은 기업은 바로 '무슨 일이 벌어지고 있나 하고 의아해하는 기업'입니다. 앞서지도 따라가지도 못하고 그냥 멍하니 있는 기업을 말하죠. 저희 ○○회사는 당연히 '세상에 일을 내는 기업'이 되어야겠지요. 제가 다녀온 박람회 프레젠테이션을 보시고 세상에 일을 낼 수 있는 좋은 아이디어를 많이 도출해주셨으면 합니다. 자, 그럼 지금부터 본격적으로 발표를 시작하겠습니다.

스피치 Tip

일을 내는 기업을 표현할 때는 정말 일을 내는 것처럼 하고, "무슨 일이 있나?"를 말할 때는 정말 궁금해하고 의아해하는 표정을 지어보세요. 스피치가 한결 생명력 있게 들릴 것입니다.

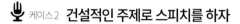 케이스2 **건설적인 주제로 스피치를 하자**

키워드

세상은 참 빠르게 변화하고 있다.

(예) 여러분, 잘 지내셨죠? 며칠 보지 않았는데도 굉장히 오랜만에 본 것처럼 반갑게 느껴집니다. 저는 이번에 해외 출장에 다녀왔는데요, 해외 출장에 다녀오면 항상 느끼는 것이 '세상은 참 빠르게 변화하고 있구나.'라는 것입니다. 세상이 얼마나 빠르게 변화하는지, 그 변화에 우리는 어떻게 발맞춰야 하는지, 그리고 그 세상을 어떻게 우리는 리드해나가야 하는지에 대한 이야기를 오늘 여러분과 하려고 합니다. 지금부터 시작해볼까요?

스피치 Tip

출장을 다녀온 후 "시차적응이 안 되어서 피곤하다." "왜 자꾸 자신만 출장을 보내는지 모르겠다." "가서 봤는데 별 다른 것이 없더라."라는 말은 제발 하지 말아주세요.

—

프로젝트 시작시
스피치

🎙 케이스1 **자신감을 불어넣어주자**

키워드

> 어떤 일에 성공하기 위해서는
> 5%의 아이디어와 95%의 실행력이 필요하다.

📋 　여러분, 지금 우리는 굉장히 중요한 프로젝트를 앞두고 있습니다. 그동안 많은 프로젝트를 성공시켜왔지만, 이번 프로젝트는 우리 개인이나 회사에게 얼마나 중요한 프로젝트인지 여러분도 다들 아실 겁니다. 제가 지금까지 직장생활을 하면서, 그리고 그 안에서 많은 프로젝트를 하며 느낀 바는 하나입니다. "아이디

어는 5%에 불과하다. 나머지 95%는 실행이다." 여러분, 아이디어도 중요하지만 그 아이디어를 실현해나가는 것은 행동이죠. 몸을 움직여야 결과를 만들어낼 수 있습니다. 좋은 아이디어를 만들어내고 그것을 실행으로 옮기는 건 여러분에게 달려 있습니다. 세상 누구나 놀랄 만큼 멋진 프로젝트 한번 만들어봅시다! 아자아자 파이팅!

스피치 Tip

누군가를 동기부여시켜준다는 것은 참 쉬운 일이 아닙니다. 본인 자신이 자신감을 갖고 있어야 하기 때문입니다. 자신감은 전염됩니다. 우리 조직에 이렇게 자신감을 가지고 긍정적으로 말하는 사람이 한 사람이라도 있다면 그것은 큰 행운입니다.

 케이스2 **프로젝트의 중요성을 강조하며 동기부여를 해주자**

키워드

> 열정을 쏟고 난 뒤에 얻어지는 결과물은
> 더욱 가치 있게 느껴진다.

(예) 여러분, 우리는 지금 굉장히 중요한 프로젝트를 앞두고 있습니다. 이번 프로젝트는 우리 개인뿐만 아니라 회사에게도 아주 중요한 프로젝트라는 것을 다들 아실 텐데요, 무언가를 시작할 때 가장 중요한 것은 '할 수 있다.'라는 자신감입니다. 뭐든지 마음먹기에 달려 있으니 중간에 포기하지 말고 '끝까지 할 수 있다.'라는 생각으로 도전하십시오. 그리고 신명나게 한번 해보세요. 뭐든지 열정을 쏟고 난 뒤에 얻어지는 결과물은 더욱 가치 있게 느껴지는 법입니다. 여러분, 자신감과 신명, 이 2가지를 마음에 새겨서 이번 프로젝트를 꼭 성공시킵시다.

스피치 Tip

스피치를 할 때 가장 중요한 것은 자기 자신이 동기부여되어 있어야 한다는 것입니다. 자신의 마음속에 자신감이 없는데 그것을 어떻게 다른 사람들과 나눌 수 있겠습니까?

자신감은 전염됩니다.

우리 조직에 이렇게 자신감을 가지고

긍정적으로 말하는 사람이 한 사람이라도 있다면

그것은 큰 행운입니다.

프로젝트 회의
스피치

🎤 케이스1 **프로젝트 회의를 할 때는 '집중'을 강조하자**

키워드

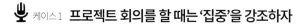

> 결혼 전에는 두 눈을 크게 뜨고 봐라.
> 그리고 결혼 후에는 한쪽 눈을 감아라.
> –T. 풀러–

예 여러분, 이번에 ○○○팀에서 제안한 기획안이 임원 회의에서 통과되어 본격적으로 실행될 겁니다. 저도 여러분 마음 압니다. 이 기획안이 큰 위험을 가지고 있다는 걸 말입니다. 하지만 회사 어르신들은 이 기획안에 거는 기대가 아주 큽니다. 이 기획안이 좋은 결과물을 만들어낼 수 있도록 우리가 노력하는 것밖에는 방법이 없습니다. "결혼 전에는 두 눈을 크게 뜨고, 결혼한 후에는 한쪽 눈을 감아라."라는 말이 있습니다. 이 기획안이 통과되기 전에는 두 눈을 크게 뜨고 평가해야겠지만, 이미 통과가 되었으니 이제는 한쪽 눈을 감고 열심히 이 기획안을 성사시키는 일에만 몰두해야 합니다. 이런저런 잡음으로 프로젝트에 차질이 생기면 안 됩니다. 무조건 성사시킨다는 마음으로 프로젝트에 몰두합시다.

🎤 케이스2 **회의의 순서를 미리 언급하면 좋다**

키워드

> 오늘 회의의 주제는 _____이고,
> 안건은 _____이다.

🔵 예 자, 회의를 시작하도록 하죠. 오늘 아침에 출근하다 보니 개나리가 만발했던데 정말 봄이 오긴 왔나 봅니다. 업무를 하는 것도 중요하지만 봄꽃들을 볼 수 있는 여유가 있었으면 좋겠습니다. 오늘 회의의 주제는 '하반기 마케팅 계획'입니다. 이 회의를 위

해 여러 부서의 분들이 참석해주셨는데요, 각자 한마디씩 해주시죠? (각자 한마디) 자, 오늘 회의의 안건은 총 3가지로 나누어 진행합니다. 첫째로 올 상반기 매출 결과에 대한 현황보고, 둘째로 상반기 문제점 진단, 그리고 마지막으로 하반기 매출 전략에 대한 토의를 하겠습니다. 그럼 지금부터 본격적으로 회의를 시작하도록 하겠습니다.

스피치 Tip

회의 오프닝에서 중요한 것은 사람들이 스스로 말을 많이 할 수 있도록 열린 분위기를 만들어주는 것 입니다. 간단한 질문을 통해 말을 할 수 있는 기회를 자주 주는 것이 좋습니다. 그리고 회의의 순서에 대해 말해주면 청중의 머릿속에 회의가 잘 정리되니 오프닝에서 꼭 표현해주도록 합시다.

一

프로젝트 동기부여
스피치

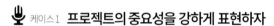 케이스1 **프로젝트의 중요성을 강하게 표현하자**

키워드

> 미친 듯이 쏟아부어야만 건질 것이 몇 개 있는 법이다.

예 여러분, 식사 맛있게 하셨습니까? 지금부터 프로젝트 회의
를 시작하도록 하겠습니다. 우리는 그동안 크고 작은 프로젝트들
을 많이 진행해왔죠. 그 중에서도 가장 중요한 프로젝트라고 한
다면 저는 이번 프로젝트가 아닐까 싶습니다. 회사에서 거는 기대
도 크고 시간과 비용도 많이 들어가는 프로젝트라 반드시 꼭 성
사시켜야 합니다. 미친 듯이 쏟아부어야만 건질 것이 몇 개 있는

법입니다. 나중에 후회가 남지 않도록 우리 한번 열정을 다해 미친 듯이 쏟아부어 봅시다. 열심히 하는 것도 중요합니다. 하지만 더 중요한 것은 잘하는 것이라는 사실을 잊지 마시고요, 우리 열심히 잘해봅시다.

스피치 Tip

프로젝트를 시작할 때 '우리 한번 열심히 해보자.'라는 열정 표현을 더욱 강력하게 말해보세요. 굉장히 중요한 프로젝트임에도 불구하고 담당자가 듣고 흔들지 않으면(강력하게 말하지 않으면) '그냥 다른 프로젝트랑 비슷한 거구나.'라고 생각할 수 있기 때문입니다.

 케이스2 **동기부여 전에 직원들의 노고를 인정해주자**

키워드

대다수는 목표에 거의 다다라서 안타깝게 포기한다.
몇몇은 마지막 순간에 이전보다
더 많은 노력을 쥐어짜낸다.
이것이 패배하는 사람과 이기는 사람의 차이다.

⬤예 여러분, 우리의 프로젝트도 이제 막바지에 들어가는데요, 여러분 정말 고생 많이 하고 있습니다. 늦게까지 야근하고 또 새벽부터 나와 촌각을 다투며 일하는 여러분을 보면 정말 대단하다는 생각이 듭니다. 뭐든지 처음도 중요하지만 저는 끝이 더 중요하다고 생각합니다. 이제 프로젝트의 끝을 어떻게 마무리하느냐에 따라 성공하느냐 그렇지 않으냐가 결정될 겁니다. 여러분, 성공하는 사람과 실패하는 사람의 차이가 무엇인지 아세요? 대다수의 사람들은 목표에 거의 다다랐을 때 '힘들다! 더이상 못하겠다.'라고 좌절합니다. 하지만 성공하는 사람은 마지막에 왔을 때 이전보다 더 많은 노력을 쥐어짜냅니다. 여기까지 오느라 정말 고생 많았습니다. 이제 고지가 앞입니다. 이전보다 더 많은 노력을 쥐어짜내서 우리의 프로젝트를 꼭 성공시킵시다. 여러분을 믿습니다.

스피치 Tip

직원들의 노고를 인정해주지 않으면서 열심히 하라고만 하면 직원들이 더 지쳐할 수 있습니다. 그들의 노고를 충분히 인정해준 다음 동기부여를 해주세요.

동기부여 비즈니스
스피치

🎤 케이스1 **'기본'을 강조하자**

키워드

본질이 중요하다. 기본에 충실하라.

⊙ 여러분~ 어떤 일을 하든 본질에 충실하는 것, 기본에 충실한 것이 중요한 것 같습니다. 미국의 한 유명한 신문사가 거액의 상금을 걸고 퀴즈 이벤트를 실시했다고 합니다. 퀴즈의 내용은 "한 열기구에 과학자 3명이 타고 있다. 한 명은 환경보호 전문가로 환경오염의 위험 속에서 사람들을 구할 수 있다. 또 한 명은 핵 전문가로 핵전쟁을 막아 무고한 사람들의 희생을 막을 수 있다. 마지

막 한 명은 식량 전문가로 수천만 명을 굶주림에서 벗어나게 할 수 있다. 그런데 열기구에 구멍이 나서 열기구는 두 사람 정도의 무게만 버틸 수 있다. 당신은 어떤 사람을 떨어뜨릴 것인가?"였습니다. 사람들은 각자가 생각하는 다양한 답을 써서 보냈다고 합니다. 이벤트의 결과를 발표하는 날! 뜻밖에도 대상을 받은 사람은 어린 소년이었습니다. 그 소년의 답은 간단했습니다. "세 사람 가운데 제일 뚱뚱한 사람을 떨어뜨린다." 이 소년은 '열기구가 추락하지 않으려면 가벼워야 한다.'라는 본질에 집중했기 때문에 거액의 상금을 받을 수 있었습니다. 우리가 하는 일도 마찬가지입니다. 여러 답이 나올 수 있겠지만 문제는 본질에 충실하는 것이 가장 중요한 것임을 잊지 마십시오.

🎤 케이스2 **진정성을 담아야 한다**

키워드

열심히 하고 잘한 다음에
생기는 것이 바로 '재미'다.

(예) 여러분, 직장생활 참 어렵죠? 일도 잘해야 하고 사람 관리도 해야 합니다. 하지만 뭐든 어렵다고 생각하면 어렵고, 쉽다고 생각하면 쉬운 법입니다. 사람들은 직장생활이 재미있었으면 좋겠다고 생각하죠. 그런데 여러분, 재미는 그냥 생기는 것이 아닙니다. 열심히 하고 잘한 다음에 생기는 것이 바로 '재미'입니다. 수동적으로 재미를 느끼기보다는 먼저 능동적으로 열심히 해 재미를 스스로 만들어보면 어떨까요? 그럼 직장생활이 정말 재미있게 느껴질 겁니다. 여러분, 우리 한번 재미있게 일해봅시다.

스피치 Tip

동기부여 스피치는 잘못하면 잔소리처럼 들릴 수 있습니다. 진정성 있게 호소해보세요.

동기부여 스피치는

잘못하면 잔소리처럼 들릴 수 있습니다.

진정성 있게 호소해보세요.

─

퇴사 직원 회식
스피치

🎤 케이스 1 **퇴사 직원에게는 조언보다 격려를 해주자**

키워드

> ### DID 정신!
> ### 즉 들이대는 정신이면 못해낼 것이 없다.

(예) 여러분, 오늘 이 자리는 다들 아시다시피 ○○○ 대리 송별회 자리입니다. 오늘이 ○○○ 대리가 저희 회사에서 근무하는 마지막 날이었는데요, 참 아쉽죠? "만남이 있으면 헤어짐도 있다."라지만 오늘 퇴사하는 ○○○ 대리와의 이별은 더욱 아쉬움이 많이 남습니다. ○○○ 대리가 우리 회사에 입사해 처음 인사했을 때의 모습

이 아직도 기억납니다. 자신감 있고 당당하게 "부장님! 처음 뵙겠습니다. ○○○입니다. 앞으로 열심히 하겠습니다."라고 외치던 모습이 엊그제 같은데 이제 '공부'라는 또다른 길을 찾아 떠난다고 하니 너무 아쉽기만 합니다. 이번에 MBA 과정에 들어가느라 회사를 떠나지만 ○○○ 대리와 함께한 여러 기억들은 좋은 추억으로 남게 될 것입니다.

"○○○ 대리, 자신의 인생을 위해 중대한 결단을 했으니 이제는 뒤를 돌아보지 말고 앞으로 전진했으면 좋겠어. 그리고 뭐든 DID 정신! DID 정신이 무슨 뜻인지 알지? 들이대는 정신으로 열심히 한다면 무조건 성공할 거야. ○○○ 대리, 그동안 정말 고마웠어. 가서 건강하고 공부 열심히 해." 여러분, 새로운 도전을 앞두고 있는 ○○○ 대리에게 힘내라고 박수 한번 쳐줄까요? ○○○ 대리를 위해 박수!

스피치 Tip

사람은 항상 마무리가 중요하죠. 마지막 퇴사하는 순간에 괜한 조언을 한다거나 그동안 섭섭했던 일을 말하는 것은 좋지 않습니다. 가는 사람의 마음에 비수를 꽂지는 말자고요.

 케이스2 **혼자보다는 함께 말하라**

키워드

자신의 전문성을 살린
새로운 도전을 응원하다.

예 여러분, 오늘은 참 아쉬운 날입니다. 그동안 우리와 함께 했던 ○○○ 과장이 회사를 떠나는 날인데요, 참 아쉽고 그동안 좀더 잘 해줄 걸 하는 후회도 남습니다. 여러분도 그렇죠? 이번에 ○○○ 과장이 직장생활을 마치고 사업에 새로이 도전한다고 합니다. 직장인과 대표는 참 여러 가지로 다르니 더욱 힘든 일도 많을 겁니다. 그래도 자신의 전문성을 살려 이렇게 새로운 도전을 한다고 하니 옆에서 응원해주고 싶습니다. 여러분, 우리 ○○○ 과장에게 한마디씩 용기를 주는 말을 전해볼까요? 누구부터 할까요? (한마디씩 한다.) 여러분의 응원이 ○○○ 과장에게 잘 전달되었을 것 같은데, 그럼 이제 ○○○ 과장의 이야기를 들어볼까요? (○○○ 과장이 한마디 한다.) 자, 우리 ○○○ 과장을 위해 파이팅 한번 외칩시다. ○○○ 과장 파이팅!

스피치 Tip

사람들은 리더 혼자 말하는 것보다 함께 말하는 것을 좋아합니다. 또한 앉아서 하는 대화보다는 서서 말하는 공식적인 스피치의 메시지가 퇴사하는 직원의 마음속에 더 깊이 남게 될 것입니다.

입사 직원 회식
스피치

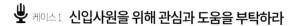

케이스1 **신입사원을 위해 관심과 도움을 부탁하라**

키워드

똑똑한 사람은 혼자 일하고,
현명한 사람은 함께 일한다.

예 ○○○ 사원이 이번에 신입사원 교육 연수를 아주 좋은 성적
으로 마치고 우리 부서에 왔습니다. 다들 격려도 많이 해주고 관
심도 많이 가져주길 바랍니다. 신입사원이 들어오면 부서에 활력
을 주기도 하고 업무 분담도 할 수 있어 참 좋은데, 우리가 옆에서
잘 도와주어야 회사에 잘 적응할 수 있는 거잖아요. 여러분의 많

은 격려 부탁드립니다. 직장생활을 잘하려면 똑똑한 것보다 현명한 것이 더 중요한 것 같아요. 똑똑한 사람은 일을 잘 처리하기는 하지만 혼자 일하는 것을 좋아하고, 현명한 사람은 일처리가 조금 늦을지라도 함께 일하는 것을 좋아하더라고요. 조직은 한 사람의 힘만으로 돌아가지 않습니다. 똑똑한 사람보다는 현명한 사람이 조직에서 인정받아요. 우리 ○○○ 직원이 이 말을 꼭 기억했으면 합니다. 자, 우리 이번에 입사한 ○○○ 직원에게 응원의 박수 한번 보낼까요?

스피치 Tip

"관심이 있다면 충고는 그만하고 그냥 도와줘라."라는 말이 있습니다. 지나친 충고는 오히려 스트레스가 될 수 있으니 긴 말보다는 몸으로 도와줍시다.

 케이스2 **입사 직원에게 스피치의 기회를 주어라**

키워드

"잘해보자."라는 말 한마디

(예) ○○○ 사원이 이번에 우리 회사에 입사했습니다. 기존에는 ○○회사에 ○○업무를 담당했었다고 합니다. 다들 ○○○ 사원이 새로 잘 적응할 수 있도록 관심을 많이 가져주시기 바랍니다. 먼저 새로 입사한 ○○○ 사원의 이야기를 들어볼까요? (입사 직원의 스피치) 네, 정말 표정에서 열정이 느껴지는데요. ○○○ 사원이 잘 적응할 수 있도록 여러분의 많은 관심 부탁드립니다. 우리 ○○○ 사원에게 "잘해보자."라는 말 한마디씩 해볼까요?

스피치 Tip

사람들은 비공식적인 자리에서 말을 함부로 하는 경향이 있습니다. 직원들에게 서서 말하는 퍼블릭 스피치를 많이 권장하면 오히려 뒷담화나 사소한 오프 더 레코드(off the record: 기자가 보도에서 제외해야 할 사항 혹은 비밀)가 줄어들어 말에 격식이 생길 수 있습니다.

━

동기부여 저녁 회식
스피치

🎤 케이스1 **회식 때만큼은 잔소리하지 말자**

키워드

> 혼자 가면 빨리 갈 수 있지만
> 함께 가면 멀리 갈 수 있다.

🔵 **예**   여러분, 요즘 일하느라 힘들죠? 여러 가지 프로젝트도 많고 해야 하는 업무도 많아 우리 직원들이 늦게까지 근무하고 일요일에도 나와 근무하는 것을 잘 알고 있습니다. 우리는 참으로 어려운 시기를 지나고 있지만, 그래도 이 시기를 잘 견디며 아주 훌륭히 이겨내고 있습니다. 여러분! 이런 말이 있죠. "혼자 가면 빨리

갈 수 있지만 함께 가면 멀리 갈 수 있다." 맞습니다. 여러분, 우리가 힘을 합친다면 이 어려운 시기를 이겨내고 함께 멀리 갈 수 있을 것입니다. 그동안 정말 고생한 우리 직원들, 오늘만큼은 여러분이 가지고 있는 고민들을 술 한잔에 털어놓고 회포를 풀었으면 합니다. 여러분, 너무 고생 많습니다. 우리 더욱 힘을 내봅시다. 감사합니다.

스피치 Tip

회식 때까지도 잔소리를 하는 상사만큼 비호감인 경우는 없습니다. 회식 자리에서는 희망을 주는 메시지를 전달해보세요.

케이스2 하고자 하는 말을 2~3가지로 정리하자

키워드

성공하기 위해서는 2가지가 필요하다.
바로 '몰입'과 '헌신'이다.

⬤예 여러분, 오늘 회식 장소 어떤가요? 여직원들이 좋아하는 분위기 있으면서도 맛있는 장소로 예약했는데, 우리 여직원들 마음에 듭니까? 여러분, 이번 프로젝트 정말 고생 많았습니다. 아마 여러분이 아니었다면 성공할 수 없었을 겁니다. 그동안 직장생활을 하면서 많은 프로젝트를 해왔지만 이번 일만큼 '과연 우리가 할 수 있을까?' 걱정했던 적은 없었습니다. 하지만 우리 모두 힘을 합친 결과, 이 프로젝트를 성공시킬 수 있었습니다. 함께 고생해준 팀원 여러분, 정말 고맙습니다. 여러분! 저는 성공하기 위해서는 2가지가 필요하다고 생각합니다. 바로 '몰입'과 '헌신'입니다. 우리는 이 프로젝트에 몰입했고 헌신을 다한 결과, 이 프로젝트를 성공시킬 수 있었습니다. 앞으로도 이 기세를 몰아 더 큰 산을 넘었으면 좋겠습니다. 우리는 할 수 있습니다. 여러분, 정말 고생 많았습니다.

스피치 Tip

스피치를 할 때 항상 말하고자 하는 내용을 2~3가지로 정리해보세요. 그럼 말이 한결 깔끔해질 겁니다.

一

아침 회의
스피치

🎙 케이스1 **의미가 담긴 이야기를 전해보자**

키워드

> **기회는 앞에는 머리숱이 많고 뒤에는 대머리이며
> 다리에는 날개가 달려 있다.**

(예) 여러분, 월요일 아침 잘 시작했나요? 이렇게 새로운 한 주가 시작이 되었습니다. 이번 한 주도 계획했던 것들을 잘 추진하리라 믿습니다. 여러분, 인생을 살아가다 보면 '기회'라는 것이 올 때가 있죠? ○○○ 대리는 언제가 인생에서 가장 중요한 기회였다고 생각하나? 나는 그때 첫사랑과 결혼하는 기회를 잡았어야 했는데…

(미소) 얼마 전에 그리스 시라쿠스 거리에 있는 한 조각상을 봤는데 정말 이상하게 생긴 조각상이었어요. 사람 모습을 한 조각상이었는데 앞에는 머리카락이 많지만 뒤에는 대머리였고 다리에는 날개가 달린 모습이었습니다. 이 조각상의 이름이 뭐였는지 아세요? 바로 '기회'입니다. 기회는 앞에 있는 많은 머리카락들처럼 누구나 잡으려고 하면 잡을 수 있지만 뒤에는 대머리라 그 순간을 놓치면 다시는 그 기회를 잡을 수 없다고 합니다. 그리고 '이 기회를 잡을까, 말까.' 고민하는 사이 다리의 날개처럼 도망간다고 합니다. 여러분, 누구나 기회를 잡으려면 잡을 수 있습니다. 하지만 망설이는 사이 기회는 도망갈 것이고 다시는 잡지 못할 수 있습니다. 여러분에게 주어지는 기회를 꼭 잡는 삶을 사시길 바랍니다. 그럼 본격적으로 아침 회의를 시작해볼까요?

스피치 Tip

머릿속에 기회 조각상의 이미지를 떠올리며 말해보세요. 이렇게 이미지를 연상하면 화자는 청자와 생각의 스피드가 같아집니다. 그럼 화자와 청자 모두 함께 가는 스피치를 할 수 있게 됩니다.

🎙 케이스2 **직원들의 웃음을 이끌어내보자**

키워드

어차피 해야 할 일이라면 즐겁게 하자.

예 여러분~ 월요일 아침 잘 시작하셨나요? 이렇게 또 새로운 한 주가 시작되었습니다. 사실 직장인들에게 굉장히 힘든 날이 월요일이죠? ○○○ 대리 어제 아이들을 많이 봤나봐. (웃음) 월요병을 없애는 가장 좋은 방법은 일요일 저녁에 다음 주 할 일을 미리 정리하는 것이라고 하던데, 그러면 월요병이 아니라 일요병이 생길 수도 있겠네요. (웃음) 여러분, 뭐든 마음먹기에 달려 있는 것 아니겠습니까? 어차피 해야 하는 일이라면 우리 즐겁게 해봅시다. 자, 월요일 회의 시작해볼까요? 오늘 회의는 크게 3가지로 나누어서 진행합니다.

스피치 Tip

웃음은 긴장 깨기, 즉 아이스브레이킹(ice breaking)하는 데 아주 좋습니다. 월요일 아침 회의를 심각하게 하기보다는 유연하게 해보세요.

웃음은 긴장 깨기, 즉 아이스브레이킹하는 데 아주 좋습니다.

월요일 아침 회의를 심각하게 하기보다는 유연하게 해보세요.

가벼운 아침 회의
스피치

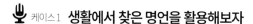 케이스1 **생활에서 찾은 명언을 활용해보자**

키워드

무슨 일이든 균형이 중요하다.
균형은 수정과 보완이라는 과정을 통해 만들어진다.

(예) 여러분, 주말 잘 보냈어요? 주말에 다들 뭐했어요? 저는 오랜만에 가족들과 외식을 했는데 그 식당에 사람들이 얼마나 많은지 줄을 서서 먹더라고요. 고깃집이었는데, 그 집에서 음식을 먹고 나서 느낀 점은 '균형이 참 중요하구나.'였습니다. '고기와 채소, 반찬 등 균형과 조화가 잘 이루어져서 인기가 많구나.'라는 것을 느

졌어요. 여러분, 그런데 이런 균형은 하루아침에 만들어지는 것이 아닙니다. 여러 수정과 보완을 통해 만들어내는 것이지요. 우리 회사에게 필요한 것도 바로 이런 작업이라고 생각합니다. 여러분이 업무를 하면서 안 좋은 점이 있다면 이를 수정하고, 부족한 것은 보완하며 일의 균형을 이루어갔으면 좋겠습니다. 우리 이번 주도 힘을 내서 열심히 뛰어봅시다.

스피치 Tip
꼭 명사들의 명언만 유효한 것이 아닙니다. 우리도 명언을 만들 수 있습니다. 생활을 관찰해보세요. 멋진 명언들이 생활에 깔려 있는 경우가 의외로 많습니다.

 케이스2 **썰렁한 유머로 긴장된 분위기를 풀어주자**

키워드

역사와 전통이 가장 오래된 카드 회사는?

껌의 주 원료는?

(예) 여러분, 아침 회의를 시작하겠습니다. 다들 모여주세요. 오늘은 조금 썰렁한 유머로 회의를 시작해볼까요? 우리나라에서 역사와 전통이 가장 오래된 카드 회사가 어딘지 아세요? 바로 BC 카드라고 합니다. BC, 즉 기원전부터 있었던 카드라는 뜻이죠. (웃음) 또 우리가 자주 씹는 껌의 주 원료가 뭔지 아십니까? 고양이 뇌로 만든다고 합니다. "껌은 고양이 네로~네로~" 정말 썰렁하죠? 그런데 여러분, 우리가 하는 일이 항상 진지하고 어렵지 않습니까? 일을 하다 보면 몸과 마음이 경직되는 경우가 많은데, 이런 썰렁한 유머를 생각하며 조금이라도 긴장을 풀어보면 어떨까 싶어 이렇게 우스운 이야기로 말을 시작했습니다. 자, 그럼 썰렁함은 뒤로 하고 본격적으로 회의를 시작해보도록 할까요?

스피치 Tip

썰렁한 유머는 최대한 넉살스럽고 뻔뻔하게, 얼굴에 철판을 깔고 하세요!

一

분기 결산 회의
스피치

🎤 케이스1 **직원들에게 공을 돌려라**

키워드

> ### 머리를 너무 높이 들지 마라.
> ### 모든 입구는 낮은 법이다.

예 여러분, 지난 분기에 우리 사업부가 좋은 결과를 냈습니다. 모두 여러분 덕분입니다. 우리가 모두 마음을 모아 한뜻으로 뭉쳤기에 이런 좋은 결과를 낼 수 있었다고 생각합니다. 하지만 아직 끝난 것이 아닙니다. 결과가 좋다고 해서 자만하거나 나태해져서는 안 됩니다. 이런 말이 있죠. "머리를 너무 높이 들지 마라. 모든 입구는 낮은 법이다." 맞습니다. 우리가 조금 성장했다고 해서 머리를 높이 꼿꼿이 세워서는 안 됩니다. 더욱 낮추고 겸손하고 겸허한 자세로 시장과 고객을 살펴야 합니다. 더욱더 혼신을 다해야 합니다. 평범한 노력은 노력이 아닙니다. 혼신을 다하는 노력만이 성공으로 이어질 수 있습니다. 헝그리 정신을 가지고 혼신을 다하는 마음이 지금 우리에게 필요합니다. 겸손과 헌신, 이 2가지를 꼭 잊지 말아주십시오.

스피치 Tip

공을 부하 직원에게 돌리는 상사만큼 멋있는 상사는 없습니다. 모든 공을 다른 직원들에게 돌리세요. 그래야만 뒤이어 나오는 "더욱 노력하자."라는 말이 직원들의 마음속에 들어가게 됩니다.

 케이스2 **직원들에 대한 믿음을 표현하라**

키워드

> 부하 직원을 믿고 기다려주는 것만큼
> 리더에게 중요한 것은 없다.

(예) 여러분, 정말 시간 빠르죠? 벌써 2/4분기 마감을 해야 하네요. 지난 1분기와 2분기를 돌아보니 머릿속에 떠오르는 키워드가 있더라고요. 1분기는 '불안'이라는 단어였고, 2분기는 '희망'이라는 단어였습니다. 사실 1분기에는 '한 해 경영이 어떻게 될까.' 하는 불안감 속에서 시작했습니다. 하지만 우리가 열심히 노력한 결과, 2분기에는 희망이라는 단어를 마음에 품을 수 있었습니다. 이제 3분기입니다. 3분기에는 '성공'이라는 단어를 만들고 싶습니다. 우리 모두가 힘을 합친다면 성공이라는 결실을 맺을 수 있을 겁니다. 저는 여러분이 남은 분기 동안 더욱 힘을 내줄 것이라 믿습니다. 부하 직원을 믿고 기다려주는 것만큼 리더에게 중요한 것은 없다고 생각합니다. 올해 남은 분기도 여러분 스스로가 더욱 힘을 내서 잘해줄 것이라 믿고, 저는 옆에서 여러분과 발맞춰 가겠습니다. 우리에게 남은 시간 더욱 좋은 결과를 낼 수 있도록 파이팅해봅시다. 파이팅!

스피치 Tip

분기 결산 회의 스피치를 할 때는 지난 분기에 대한 소회에 덧붙여 앞으로 펼쳐지는 분기에 대한 희망을 이야기해보세요.

전략 회의 오프닝
스피치

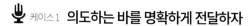 케이스 1 **의도하는 바를 명확하게 전달하자**

키워드

> 겨누지 않고 쏘면 100% 빗나간다.

예 점심 식사 맛있게 하셨습니까? 이제 본격적으로 전략 회의를 시작하도록 하겠습니다. 오늘 전략 회의를 진행하기 전에 여러분께 회의 안건에 대해 공유해드렸는데요, 다들 확인하고 들어오셨죠? 오늘 이 전략 회의는 향후 우리 회사의 마케팅 방향을 제시하는 아주 중요한 회의가 될 것입니다. 오늘 여러분의 좋은 의견 제시 꼭 부탁드리겠습니다. 얼마 전 읽었던 책에 이런 내용이 있더라고요. "겨누지 않고 쏘면 100% 빗나간다." 정확하게 조준하고 쏴야 맞출 수 있다는 말입니다. 우리가 의뢰한 ○○컨설팅 회사의 자료에 따르면 우리의 고객은 여전히 우리 회사 제품에 대한 호감 이미지를 가지고 있는 것으로 나타났습니다. 하지만 소비자의 마음을 100% 겨누고 있지는 않다는 결과를 볼 수 있었는데, 오늘 회의를 통해 소비자의 마음을 100% 겨눌 수 있는 좋은 아이디어가 도출되었으면 좋겠습니다. 그럼 지금부터 회의를 시작하겠습니다.

 케이스2 **그날의 이슈를 활용해보자**

키워드

변화에 얼마나 능동적으로 대처하고 있나?

예 점심 식사 맛있게 하셨습니까? 어제 인공지능 알파고와 이세돌 9단의 시합 경기 보셨습니까? 인공지능 알파고가 이세돌 9단을 이겼는데요, '인공지능이 사람을 이길 날이 얼마 남지 않았구나.'라는 생각이 들었습니다. 이처럼 세상은 참 빠르게 변화하고 있는데 저와 우리 회사는 그 변화에 '얼마나 능동적으로 대처

104

하고 있나?'라는 질문을 제 자신에게 해보았습니다. 이에 대해서는 더 많은 논의를 통해 깊은 통찰을 만들어내야 할 것 같습니다. 이제 본격적으로 전략 회의를 시작하도록 하겠습니다. 전략 회의를 진행하기 전에 여러분께 미리 회의 안건에 대해 공유해드렸는데요, 다들 확인하고 들어오셨죠? 오늘 이 전략 회의는 향후 우리 회사의 마케팅 방향을 제시하는 아주 중요한 회의가 될 것입니다. 오늘 여러분의 좋은 의견 제시, 꼭 부탁드리겠습니다.

스피치 Tip

그날의 신문 내용이나 전날 있었던 주요 이슈를 전략 회의 오프닝에 사용해보세요. 사람들의 주목을 훨씬 더 끌 수 있을 것입니다.

그날의 신문 내용이나 전날 있었던 주요 이슈를

전략 회의 오프닝에 사용해보세요.

기업 위기시 회의
스피치

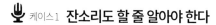 케이스1 **잔소리도 할 줄 알아야 한다**

키워드

이끌거나 뒤따르거나 아니면 비켜라.

예 여러분, 회의 시작하기 전에 여러분께 듣기 싫은 말 한마디 하고 시작하려고 합니다. 요즘 회사 내 분위기가 상당히 좋지 않아요. 주변 사람들이 해주는 말들을 들어보니 직원들 간에 의견이 잘 맞지 않아 잡음이 많이 있다고 하던데 맞습니까? 물론 서로 의견을 나누고 조율하는 과정은 필요합니다. 하지만 사람이 싫다고 무조건적으로 반대한다거나 대안 없이 비평하는 것은 서로에게 좋지 않습니다. 리더십의 기본은 이겁니다. "상사는 부하 직원을 사랑하고 부하 직원은 상사를 존경하면 된다." 이 기본 원칙을 잘 지키면 대부분의 문제는 해결이 가능합니다.

조직이 잘 흘러가려면 여러분이 어떤 역할을 할지 결정하는 것이 상당히 중요합니다. 리더십 명언에 이런 말이 있어요. "이끌거나 뒤따르거나 아니면 비켜라!" 리더가 되고 싶은 사람은 다른 사람을 이끌 묘안을 내세요. 그 아이디어가 없으면 팔로워가 되어 리더를 열심히 따르세요. 리더나 팔로워가 될 마음이 없으면 비키십시오. 이 둘을 가로막지 마세요. 우리 조직은 절대 무거워져서는 안 됩니다. 가볍게 날아가도 이 위기를 이겨낼 수 없을지 모릅니다. 우리 스스로를 갉아먹는 행동은 하지 맙시다. 여러분, 부탁드립니다.

스피치 Tip

화가 나서 말하는 나쁜 스피치를 블랙 스피치(black speech)라고 합니다. 좋은 말로 직원들을 동기부여시키는 것도 좋지만, 때로는 통제도 필요한 법입니다.

🎤 케이스2 애정이 담긴 블랙 스피치를 하라

키워드

경험만큼 좋은 스승은 없다.

🔵 여러분, 우리 회사가 올해로 10주년이 되었습니다. 아시죠? 처음 사업을 시작할 때는 무엇을 해야 하는지, 목표는 어디로 두어야 하는지 모른 채 그냥 앞만 보고 뛰었습니다. 뛰다 보니 '아, 이렇게 사업을 하면 되겠구나.'라는 생각이 들었습니다. 이렇게 조금 사업이라는 것을 안다고 생각할 때쯤 첫 번째 위기를 겪었습니다. 그때 우리 모두가 힘을 합쳐서 어려운 시기를 잘 이겨냈었죠. 그리고 시간이 흘러 이제 우리는 두 번째 위기에 봉착했습니다. 이번 위기는 우리의 힘을 모두 합쳐도 사실 이겨내기가 쉽지 않을 정도로 큰 위기입니다. 요즘 보면 우리 조직이 참 무겁다는 생각이 듭니다. 위기가 왔는데도 위기인지 모르는 직원들이 많습니다. 다 함께 힘을 합쳐 위기를 이겨내야 할 시기에 위기가 왔는지도 모른다면 그것이야말로 정말 큰 위기라는 생각이 듭니다. 소수 몇 명의 사람들로 이 위기를 가볍게 넘길 수는 없습니다. 우리 모두가 힘을 합쳐야 합니다.

"경험만큼 좋은 스승은 없다."라고 합니다. 한 번 이겨낸 위기, 두 번이라고 이기지 못하겠습니까? 우리 모두 마음을 다해, 열정을 다해 이 위기를 잘 이겨냈으면 합니다.

스피치 Tip

블랙 스피치를 했다고 이를 너무 마음에 두지 마세요. 문제가 있을 때는 확실히 무엇이 문제인지 잔소리를 해주세요. 하지만 이 잔소리가 통하려면 직원을 향한 애정이 밑바탕에 깔려 있어야 합니다.

신입사원 교육 오프닝
스피치

🎤 케이스1 **신입사원들에게 자신감과 꾸준함을 강조하자**

키워드

> 사람은 스스로 자학하는 습관이 있다.
> 작은 일이라도 꾸준히 하는 사람을 이길 수는 없다.

(예) 여러분, 반갑습니다. 신입사원들의 빛나는 눈을 보니 긴장이
되네요. 저는 ○○○ 상무입니다. 여러분, 정말 대단한 것 같아요.
이렇게 어려운 시기에 우리 기업에 들어오고…. 대단한 실력자들
이 이번에 많이 들어왔다고 하던데 맞나요? 오늘 회사 연수원으
로 향하면서 여러 가지 생각이 들더군요. 처음 신입사원으로 들

어왔을 때가 생각나기도 하고, 지난 직장생활이 주마등처럼 지나가는 느낌이었습니다. 저는 사실 여러분에게 '직장생활 이렇게 하라!'라고 말해줄 내용이 별로 없습니다. 하루하루 주어진 일을 열심히 하고 조금은 다른 방식으로 해보려고 노력했던 것인데, 어느덧 이렇게 상무라는 자리에 앉아 있더라고요. 그래도 여러분에게 도움이 될 말을 해야 할 것 같아 그냥 제 직장생활에 대해 허심탄회하게 말해보려고 합니다.

저는 직장생활을 하면서 스스로 다짐한 것이 있습니다. 첫째, '나 자신을 믿자.'라는 것입니다. 사람은 스스로 '난 잘 안 될 거야. 못할 거야.'라고 자학하는 습관이 있습니다. 이럴 때마다 전 '아니다. 할 수 있다. 해낼 수 있다.'라고 스스로를 믿으려 노력했습니다. 둘째는 '뭐든지 작은 일이라도 꾸준히 하자.'였습니다. 여러분, 제가 지금까지 봐온 성공한 사람들은 대개 무언가 대단한 일을 한 사람들보다는 작은 일이라도 꾸준히 실천했던 사람들이 상당수였습니다. '보고서를 쓸 때 남들보다 한 번 더 보자.' '신문을 꾸준히 읽자.' 등등 작은 일을 꾸준히 하다 보면 좋은 결과를 얻을 수 있습니다. 여러분도 이 2가지만 잊지 않는다면 직장생활을 잘할 수 있으리라 생각합니다. 감사합니다.

스피치 Tip

자신이 가지고 있는 속마음을 솔직하게 털어놓는 사람이 스피치 달인이 되는 법입니다. 자신이 속으로 하는 진심의 소리에 귀 기울여보세요. 그리고 그것을 말로 솔직하게 표현하세요.

🎙 케이스2 신입사원이 가져야 하는 덕목을 말해주자

키워드

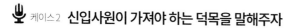

역지사지(易地思之),
상대방의 입장에서 생각해보다.

💬 여러분, 반갑습니다. 여러분을 보니 제 신입사원 시절이 떠오르네요. 그때는 입사한 것이 그저 신기하고 기쁘기만 했었는데, 여러분도 지금 그렇죠? 사람이 어떤 일을 할 때 중요한 것은 바로 '초심'입니다. 지금 여러분이 먹은 마음가짐을 잊지 않는다면 여러분은 우리 회사에서 무엇이든 이루어낼 수 있습니다. 뭐든 꾸준하게 열심히 하는 사람을 이길 수는 없다는 점을 기억해두시면 좋

을 것 같습니다. 여러분, 신입사원이 가져야 하는 덕목이 뭔지 아십니까? 바로 '눈치', 즉 센스입니다. 아무리 머리가 똑똑한 사람이라도 눈치가 없으면 선배들의 잔소리에서 벗어날 수 없습니다. 그런데 이 눈치는 어디에서 나오는지 아세요? 바로 역지사지에서 나옵니다. 내 입장이 아니라 상대방의 입장에서 생각해보는 거예요. '상사가 지금 뭘 필요로 하는 걸까?' '나한테 이 정도만 기대하시겠지. 그럼 나는 여기서 하나를 더 하도록 하겠어.' 이렇게 상대방의 관점에서 나를 바라보는 것, 여기에서 눈치와 센스가 나오는 겁니다. 여러분들 모두가 꼭 눈치 만점, 센스 만점의 신입사원이 되었으면 합니다. 감사합니다.

스피치 Tip

고리타분한 이야기는 이제 그만! "열심히 해라." "최선을 다해라."라는 누구나 할 수 있는 말보다는 스토리텔링을 통해 새로운 표현에 도전해보세요.

一

사내 교육 진행자의 인사말
스피치

🎤 케이스1 **사내 교육 인사말은 밝고 희망차게**

키워드

> ### 시간은 우리에게 '보복'을 하기도 하고
> ### '은혜'를 주기도 한다.

📢 여러분, 아침 영어교육에 이렇게 많이 참석해주어서 정말 고맙습니다. 특히 ○○○ 대리는 영어를 잘하는데도 이리 열심히 하는 모습을 보여주어서 더욱 기특하고, ○○○ 과장은 열심히 하는 모습이 정말 보기 좋아. 처음 아침 영어교육을 하자라는 말이 나왔을 때 '정말 그게 가능할까?' 했었는데, 성의 있게 교육에 임해

주는 여러분을 보니 정말 마음이 좋습니다.

여러분, 제가 좋아하는 말 중에 이런 말이 있습니다. 바로 '시간의 보복'이라는 말입니다. 시간은 반드시 보복을 합니다. 내가 헛되이 보낸 시간은 6개월, 1년 후, 5년 후, 10년 후 반드시 나에게 돌아오게 되어 있습니다. '시간의 은혜'라는 말도 있습니다. 시간의 보복과는 반대로 내가 잘 보낸 시간은 언젠가 내게 은혜를 주기도 합니다. 여러분, 오늘의 이 시간은 여러분에게 좋은 미래를 가져다줄 것입니다. 아시겠죠? 우리 오늘도 영어교육을 힘차게 시작해볼까요?

스피치 Tip

사내 교육을 시작하기 전, 사람들에게 간단히 대답할 수 있는 질문을 해보세요. 특히 분위기를 밝게 할 수 있는 2~3명에게 질문을 해보세요. 그럼 말에 대한 부담감이 줄어들어 회의 때 더 많은 사람들이 아이디어를 표현하게 될 것입니다.

🎤 케이스 2 이전 교육의 리뷰와 해당 교육의 주제를 소개하라

키워드

지난주에는 _____를 배웠다.
이번 주에는 _____라는 주제로 강의가 진행된다.

(예) 여러분, 아침 잘 시작하셨습니까? 매주 월요일 아침 8시에는 명강사들의 강의가 진행되는데요, 오늘도 많은 직원 분들이 참석해주셔서 정말 감사합니다. 지난주에는 라온제나 스피치의 임유정 원장의 강의를 진행했었는데, "목소리에 긍정성과 자신감이라는 에너지를 넣어라."라는 말이 가장 강하게 와 닿았습니다. 여러분도 기억나시죠? 자, 이번 주에는 '공감 커뮤니케이션'이라는 제목으로 ○○○ 강사님이 강의를 해주실 겁니다.

사실 직장생활을 하며 동료들과 업무적인 대화만 하다 보면 대화가 참 메말랐다는 느낌이 들 때가 많습니다. 우리는 생각보다 긴 시간을 동료들과 함께 보냅니다. 그러니 동료들과의 관계나 대화에서 삭막함보다는 따뜻함을 느낄 수 있다면 더 좋지 않을까요? 오늘 배우게 될 공감 대화법을 통해 직장생활에 정(情)이라는 온기가 가득해졌으면 합니다. 아침 일찍부터 이렇게 모인 만큼 오늘 강의도 힘차게 들어봅시다. 그럼 이제 ○○○ 강사님을 모셔보겠습니다. 큰 박수로 맞이해주십시오.

스피치 Tip

교육 진행자는 지난번 교육을 리뷰해주고, 오늘 교육할 내용에 대한 필요성을 제기해주면 됩니다. 그럼 100% 잘하는 겁니다.

교육 진행 오프닝
스피치

🎤 케이스1 **명언을 활용할 때는 추임새를 넣어보자**

키워드

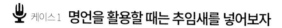

롱런(long run)하려면 롱런(long learn)해야 한다.

📢 반갑습니다. 오늘 교육 진행을 맡은 ○○○입니다. 이렇게 연수원까지 오시느라 정말 수고 많으셨습니다. 오늘 눈이 참 많이 왔는데요, 오시는 길은 힘들었지만 연수원에 들어오면서 보이는 눈 절경이 참 멋있지 않았습니까? 물론 저희는 이따 눈 치우느라 정신이 없겠지만 그래도 눈 내리는 모습만큼은 사람의 마음을 기분 좋게 해주는 것 같습니다. 이번에 진행되는 교육은 내부 리더 육성

교육입니다. 일주일 동안 회사의 리더로서 갖춰야 하는 리더십 및 커뮤니케이션, 실무 역량 교육이 진행될 예정인데요, 이번 교육이 여러분의 리더십 역량에 큰 도움이 되길 바랍니다. 얼마 전에 제가 읽은 책에 이런 말이 있더라고요. "롱런하려면 롱런해야 한다." 앞에 있는 런은 '달리다' 할 때의 런이고요, 뒤에 있는 런은 '배우다' 할 때의 런입니다. 오래 달리려면 배워야 한다는 뜻인데요. 똑같은 인풋(in-put)으로 다른 아웃풋(out-put)을 낼 수는 없는 것 같습니다. 이번 교육을 통해 새로운 인풋을 채우시고 더욱더 오래 멋지게 달리셨으면 좋겠습니다. 감사합니다.

스피치 Tip

명언 앞에 "이런 말이 있더라고요."라는 추임새를 넣어보세요. 명언을 말하기가 한결 쉬워질 겁니다.

 케이스2 **인상 깊었던 자료들을 오프닝 멘트로 활용해보자**

키워드

무언가를 배우는 것만큼 중요한 것은 없다.

（예） 반갑습니다. 오늘 교육 진행을 맡은 ○○○입니다. 아침 일찍부터 교육 들으러 오시느라 정말 애 많이 쓰셨습니다. 얼마 전에 신문에 난 기사를 보니 부모의 재산과 교육 정도에 따라 자녀의 경제적 지위도 달라진다고 하는데요, 이것을 '수저 계급론'이라고 한다고 해요. 부모가 금수저면 아이도 금수저, 반대로 부모가 흙수저면 아이도 흙수저가 될 가능성이 크다는 겁니다. 그런데 부모가 경제적으로 부유하지 않아도 자녀가 높은 경제적 지위를 가질 방법이 있다고 합니다. 그것은 바로 '책 읽기'입니다. 책을 통해 지식을 얻게 되면 부모와 상관없이 자녀도 높은 경제적 지위를 가지게 된다는 겁니다.

여러분, 무언가를 배우는 일만큼 중요한 것은 없습니다. 오늘 교육을 통해 여러분의 경제적 지위뿐만 아니라 삶의 질도 함께 높아졌으면 좋겠습니다. 그럼 지금부터 교육을 시작하도록 하겠습니다.

스피치 Tip

평소 인상 깊었던 자료들을 기록할 수 있는 에피소드 노트를 하나 만들어보세요. 그럼 에피소드가 확장되어 더 많은 사람을 설득할 수 있을 겁니다. 그 노트가 일종의 '스피치 보물 창고'가 될 겁니다.

명언 앞에 "이런 말이 있더라고요."라고

추임새를 넣어보세요.

명언을 말하기가 한결 수월해질 겁니다.

─

교육 진행 마무리 | 스피치

🎤 케이스1 **인상 깊었던 내용을 스피치에 활용하라**

키워드

> **리더는 태어나는 것이 아니라**
> **만들어지는 것이다.**

🔵 여러분, 오늘 리더십 교육 어떠셨습니까? 저는 오늘 교육 가운데 강사님께서 말씀해주신 "리더는 태어나는 것이 아니라 만들어지는 것이다."라는 말이 가장 인상 깊게 남았는데요, 뭐든지 그냥 주어지는 것은 없는 것 같습니다. 오늘 리더십 교육에 많은 부장님들이 경청하는 모습을 보여주셨는데요, 그 경청하는 모습 자체

에서 저는 큰 리더십의 모습을 봤습니다. 오늘 배우신 내용을 실제 업무에 활용하신다면 더 활기찬 부서, 멋진 에너지가 나오는 부서를 만드실 수 있으리라 생각합니다. 다시 한 번 오늘 강의에 집중해주신 부장님들과 강의를 해주신 ○○○ 강사님께 감사드립니다.

스피치 Tip

강의에서 가장 인상 깊었던 내용을 말해보세요. 내용 정리도 되면서 강의에 대한 감동이 더욱 진하게 남을 것입니다.

🎤 케이스2 **교육에 대한 짧은 감상을 곁들여서 말하라**

키워드

> 훌륭한 리더는 어떤 일을 할 때 그 일을
> 잘 수행할 수 있는 적임자를 볼 줄 알아야 하며,
> 그 사람이 그 일을 하는 동안에는
> 간섭하지 않는 자제력이 있어야 한다.
> – 루스벨트 –

예 여러분, 오늘 리더십 교육 어땠나요? 저는 오늘 교육 가운데 강사님께서 말씀해주신 "리더는 태어나는 것이 아니라 만들어지는 것이다."라는 말이 가장 인상 깊게 남았는데요. 뭐든지 그냥 주어지는 것은 없는 것 같습니다. 좋은 리더가 되기 위해 열심히 자신을 트레이닝 해야겠습니다. 제가 알고 있는 리더십 명언에 이런 말도 있더라고요. "훌륭한 리더는 어떤 일을 할 때 그 일을 잘 수행할 수 있는 적임자를 볼 줄 알아야 하며, 그 사람이 그 일을 하는 동안에는 간섭하지 않는 자제력이 있어야 한다." 리더가 갖춰야 하는 역량이 참 많죠? 그래도 이런 것들을 모두 가지고 계셔야 직원들을 잘 리드하실 수 있을 겁니다. 오늘 배운 내용을 실제 업무에 잘 활용하셨으면 좋겠습니다. 다시 한 번 오늘 강의를 해주신 ○○○ 강사님께 감사의 박수 부탁드립니다.

스피치 Tip

스피치를 할 수 있는 시간이 별로 없을 경우에는 이렇게 길게 말하지 않아도 됩니다. 하지만 시간이 충분히 있는데도 불구하고 말할까 말까 하며 망설이는 것은 옳지 않습니다. 경험만큼 좋은 스승은 없습니다.

수상 소감
스피치

🎤 케이스1 겸손을 잊지 말자

키워드

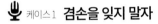

다르게 살아야 다르게 살 수 있다.

(예) 안녕하십니까. 고맙습니다. 지난 한 해 동안 열심히 달려왔더니 연말에 이런 상도 주시고 정말 감사합니다. 사실 많이 부끄럽습니다. 미안하기도 하고요. 다들 열심히 하셨는데 제가 이리 큰 상을 받다니요. 또한 저희 동료들과 부하 직원들이 없었다면 오늘의 이런 결과는 없었을 것입니다. 이 자리를 빌려 저와 함께해주고 있는 직원들에게 고맙다는 말을 전하고 싶습니다. (직원들을 바

라보면서) 고마워!

햇수를 세어보니 제가 이 회사에서 근무한 지도 벌써 20년이 흘렀더라고요. 부족한 점이 많은 사람이라 그 점을 보완하기 위해 열심히 뛰어왔습니다. 20년이라는 시간 동안 제 마음속에 있던 말이 하나 있습니다. 그 말은 바로 "다르게 살아야 다르게 살 수 있다."라는 말이었습니다. 저는 남들과 조금이라도 다른 결과를 만들어내려면 남들과 다르게 일해야 한다고 생각했습니다. 조금이라도 다르게 하려고 노력한다면 내가 원하는 성공을 이루어낼 수 있지 않을까 생각했습니다. 저는 앞으로도 더욱 조금이라도 다르게 살려고 노력하겠습니다. 그래서 오늘의 이 상이 부끄럽지 않은 사람이 되겠습니다. 여러분이 많이 도와주신다면 해낼 수 있으리라 생각합니다. 정말 다시 한 번 이 상을 주신 회장님께, 그리고 저를 도와준 동료들에게 감사하다는 말씀 전하며 마치겠습니다. 감사합니다.

스피치 Tip

겸손은 최고의 스피치입니다. 공을 자신이 아닌 동료들에게 넘기세요. 그럼 많은 사람의 박수를 받게 될 것입니다.

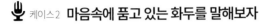

케이스2 마음속에 품고 있는 화두를 말해보자

키워드

> ## 이 길이 아름다워 보일 때까지 걷겠다.

(예) 정말 감사합니다. 한 해 동안 열심히 달려오다 보니 이런 좋은 날도 있네요. 정말 감사합니다. 사실 제가 지금 하고 있는 일이 처음부터 좋지는 않았습니다. 처음에는 '과연 내가 할 수 있을까?' '정말 나도 노력하면 저 1등이라는 자리에 오를 수 있을까?' 하며 제 자신을 반신반의하며 방황하던 시절도 있었습니다. 지금 생각해보면 별일 아니지만 그때는 꽤 심각한 고민거리였습니다.

그렇게 방황하던 중 우연히 책을 읽다가 이런 문구를 봤습니다. "이 길이 아름다워 보일 때까지 걷겠다." 이 문구를 읽고 '그래, 나는 한 번도 끝까지 걸어가본 길이 없었구나. 이 길만큼은 아름다워 보일 때까지 걸어봐야겠다.' 이런 생각을 하며 열심히 일하다 보니 지금의 영광스러운 자리에 오를 수 있었습니다. 제가 이 길을 계속해서 걸어야겠다고 생각한 것은 순전히 제 의지 때문만은 아니라고 생각합니다. 저를 도와준 여러 동료가 아니었다면 절대 할 수 없었을 것입니다. 이 자리를 빌려 저의 동료들에게 깊은 감

사의 마음을 전하고 싶습니다. 앞으로도 더욱 노력하는 ○○○이
되겠습니다. 감사합니다.

스피치 Tip

자신의 마음속에 품고 있는 화두를 말해보세요. 더욱 진정성 있는 스피
치가 될 겁니다.

겸손은 최고의 스피치입니다.

공을 자신이 아닌 동료들에게 넘기세요.

—

야유회 인사말
스피치

🎤 케이스1 **일 이야기는 하지 말자**

키워드

> 문장에도 쉼표가 있듯이
> 우리의 삶에도 쉼표가 필요하다.

예 여러분, 오늘 날씨 참 좋죠? 학창시절 소풍이나 체육대회만 하면 비가 와서 애가 탔던 기억이 있는데 오늘은 다행히 날씨가 참 좋네요. 야유회를 준비한 ○○○ 과장의 인덕이 좋아 오늘 날씨도 참 좋은 것 같습니다. (웃음) 여러분, 문장에도 쉼표가 있듯이 우리의 삶에도 쉼표가 필요합니다. 그런데 보면 일할 때 쉬고 싶어

하고 쉴 때 일 생각하는 직원들이 꽤 있더라고요. (웃음) 오늘 야유회만큼은 저도 일 이야기 안 할 테니 여러분도 오늘 신나게 즐기셨으면 합니다. 우리 모두 오늘 즐거운 시간 보냅시다. 그럼 박수로 마무리할까요?

스피치 Tip

야유회 인사말을 하는데도 일 이야기를 하는 상사가 있습니다. '야유회'의 의미를 잘 생각해보시기 바랍니다.

🎤 케이스2 **야유회에서는 기분 좋은 스피치를 하자**

키워드

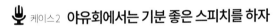

때로는 자기 자신을 놓아버려라.

(예) 여러분, 오늘 기분 좋죠? 이렇게 사무실을 벗어나 야유회에 오니 정말 기분이 상쾌하고 좋습니다. 오늘 이곳은 ○○○ 대리가 심사숙고해서 정한 야유회 장소인데 오는 길도 좋고, 시설도 깔끔

하고, 무엇보다 이곳이 식사가 맛있기로 유명하다고 합니다. 오늘 저녁 바비큐 파티 정말 기대되죠? 우리 야유회 준비하느라 고생한 ○○○ 대리에게 큰 박수 한번 보낼까요? (박수)

여러분, 회사생활을 하다 보면 동료들 얼굴 볼 시간 없이 정말 바쁘고 여유 없이 하루가 가버리죠. 이런 야유회 때라도 그동안 서로 못했던 대화도 나누고 스트레스도 풀었으면 합니다. 일할 때 일하고 놀 때 노는 것이 중요하잖아요. 놀 때는 그냥 자기 자신을 놓아버리는 것이 필요합니다. 그동안의 진지하고 심각했던 것들은 모두 잊고, 오늘은 자신을 그냥 편하게 놓아버리고 지금 이 순간을 즐겼으면 좋겠습니다. 그렇다고 해서 술 너무 많이 마시면 안 됩니다. (미소) 나를 놓아버리자. 제가 '나를'을 외칠 테니 여러분은 '놓아버리자'라고 소리쳐주세요. "(선창) 나를! (후창) 놓아버리자!"

스피치 Tip

칭찬만큼 좋은 스피치는 없습니다. 또한 야유회 스피치를 하면서 일 이야기를 하는 상사를 좋아하는 부하 직원은 없다는 것을 명심하세요.

입찰 프레젠테이션 사전
스피치

🎤 케이스1 **필요하다면 요구사항을 강력하게 말하라**

키워드

훌륭한 대본에서 빛나는 애드리브가 나온다.

예 여러분, 다음 주에 중요한 프레젠테이션을 앞두고 있습니다. 우리의 제품을 국내외에 처음으로 선보이는 중요한 발표입니다. 만약 스피치에서 무슨 문제가 발생하면 우리 제품의 이미지가 타격을 입을 수 있습니다. 그동안 이 제품을 만들기 위해 노력한 기획자와 개발자들의 노고를 한순간에 날려버릴 수 있습니다. 반드시 만반의 준비를 해서 한 치의 실수도 없이 이 프레젠테이션을 준비해야 합니다. 훌륭한 대본에서 빛나는 애드리브가 나옵니다. '그냥 대충 준비해도 되겠지.'라고 생각하면 정말 큰일 날 수 있습니다. 뭐든지 기본 뼈대가 중요합니다. 훌륭한 대본을 준비하세요. 그래야 돌발 상황에 대처할 수 있는 애드리브가 나옵니다. 우리 한 번 열심히 준비해서 우리의 제품이 우리나라뿐 아니라 세계에서도 빛날 수 있도록 해봅시다.

스피치 Tip

"〜하면 어떨까?"보다는 "〜해야 합니다."라는 강력한 표현이 퍼블릭 스피치에서 더욱 유효할 수 있습니다. 때로는 "〜하세요!"라고 강력하게 이야기해보세요.

🎙 케이스 2 **입찰 프레젠테이션의 리허설을 강조하자**

키워드

프레젠터가 가져야 할 필수 요소는
바로 '열정'이다.

(예) 여러분, 우리는 이번에 우리는 중요한 프레젠테이션을 앞두고 있습니다. 프레젠테이션을 하는 목적은 크게 2가지입니다. 첫째는 설명하기 위해서, 둘째는 설득하기 위해서입니다. 우리가 하는 이번 입찰 프레젠테이션은 설명하는 프레젠테이션이 절대 아닙니다. 단순히 내용을 전달하기 위해서만 하는 것이 아니라는 뜻입니다. 우리가 해야 하는 것은 '설득'입니다. 우리가 가지고 있는 상품의 소구 포인트(appeal point)를 확실히 한 다음 '열정'이라는 감정을 넣어서 강하게 표현해야 상대방을 설득할 수 있습니다.

프레젠터가 가져야 할 필수 요소는 바로 '열정'입니다. 열정이라는 감정을 폭발시켜 청중들을 압도해야 합니다. 그런데 이러한 열정은 '100번의 리허설'에서 나옵니다. 여러 번 소리 내서 표현하다 보면 자신도 모르게 열정이라는 감정이 자연스럽게 나오게 됩니다. 여러분! 마지막 순간까지 최선을 다해봅시다. 우리 모두 파이팅해봅시다.

스피치 Tip

보통 대기업 임원들이 하는 스피치는 국제적으로 굉장히 중요한 스피치일 가능성이 높습니다. 이분들을 옆에서 보면 정말 100번 정도의 리허설을 하시는 것 같습니다. 리허설이 완벽해야 실전에서도 완벽할 수 있습니다.

ㅡ

프레젠테이션 오프닝
스피치

🎙 케이스 **주제에 몰입해야 좋은 스피치가 나온다**

키워드

> 개인의 삶에도 크레도(credo)가 있는 것처럼
> 회사에도 크레도가 있어야 한다.

🔵 안녕하세요. 오늘 크레도 프레젠테이션을 맡게 된 ○○○ 상무입니다. 이렇게 우리 회사에 입사하게 된 것을 진심으로 축하드립니다. 조금 전에 회사에 대한 자세한 소개를 들으셨는데요, 어떠세요? 생각만큼, 아니면 생각한 것보다 우리 회사가 더 좋은 회사라는 생각이 드셨나요?

자, 이제부터는 우리 회사가 가지고 있는 크레도에 대한 이야기를 하도록 하겠습니다. 여러분, '크레도'라는 용어가 참 어렵게 느껴지시죠? 크레도는 '가치관' '신조' '원칙'이라는 뜻을 가지고 있는데요. 각자에게도 인생을 살아가면서 추구하는 크레도가 하나씩은 있죠? 여러분의 마음속에 품고 있는 하나의 단어와 문장이 크레도가 될 수 있는데, 혹시 지금 가지고 있는 크레도 있으세요? (몇 사람에게 물어본다.) 아무래도 마음속에 품고 있는 크레도가 있는 사람과 없는 사람은 다를 수밖에 없습니다. 큰 조직을 이끄는 회사는 당연히 크레도가 있어야 하겠죠. 사실 저는 입사했을 때 사장님께 직접 크레도에 대한 강연을 들었어요. 그때 정말 많이 감동했고 또 실제로 회사에서 일을 하며 크레도에 입각해 임원들이 의사결정을 내리는 것을 보며 '정말 크레도가 중요하구나.'라는 생각을 하게 되었습니다. 그때의 감동을 제가 여러분께 드릴 수 있을지 걱정이 되지만 그래도 성의를 다해 발표하도록 하겠습니다. 그럼 본격적으로 크레도에 대한 이야기를 해볼까요?

스피치 Tip

지식을 전달하는 PT가 아닌 감성을 전달해야 하는 PT의 경우, 프레젠터가 얼마나 그 주제에 몰입되어 있는지가 정말 중요합니다.

감성을 전달해야 하는 PT의 경우,

프레젠터가 얼마나 그 주제에 몰입되어 있는지가 정말 중요합니다.

—

영업 프레젠테이션 오프닝
스피치

🎙 케이스1 **연장자 앞에서의 스피치는 존경의 마음을 담아라**

키워드

> ### 전례가 없으니 한다는 것이다.

예 안녕하십니까? 오늘 프레젠테이션을 맡은 ○○컴퍼니 ○○○ 대표입니다. 바쁘신 와중에도 이렇게 아침 일찍 저희 회사 소개 프레젠테이션에 참석해주신 ○○사 임원 여러분께 진심으로 감사 드립니다. 오늘 발표를 하기 위해 회사에 들어오는 순간 ○○사의 연혁이 담긴 이미지가 딱 눈에 띄었습니다. 초대 회장님부터 지금 까지의 연대순을 보니 우리나라 경제 성장의 역사와 함께 ○○사의 열정이 담긴 시간을 눈으로 확인할 수 있었습니다. "전례가 없으니 한다는 것이다."라는 사훈도 참 가슴에 많이 와 닿았습니다. 우리나라 경제를 성장시키기 위해 앞장 서셨던 임원 분들 앞에 제가 이렇게 설 수 있다는 것 자체가 정말 영광이라고 생각합니다. 오늘 여러분의 소중한 시간이 헛되지 않도록 저희 회사 소개를 최선을 다해 하도록 하겠습니다. 그럼 본격적으로 저희 회사에 대한 소개를 시작하겠습니다.

스피치 Tip

나보다 나이가 많은 사람들에게 프레젠테이션을 할 경우 "오늘 날씨가 참 좋다." "도로에 차가 많다." 등 이런 가벼운 소재로 오프닝을 하는 것은 좋지 않습니다. 오히려 그분들을 존경하는 마음을 담아 표현해보세요.

 케이스2 **회사에 대한 자부심을 담아라**

키워드

> 우리 회사의 장점은 _____ 이다.

(예) 안녕하십니까? 오늘 프레젠테이션을 맡은 ○○컴퍼니 ○○○ 대표입니다. 이렇게 바쁘신 중에도 아침 일찍 저희 회사 소개 프레젠테이션에 참석해주신 ○○사 임원 여러분께 진심으로 감사드립니다. 저는 저희 회사에서 근무한 지 올해로 7년차를 맞이했습니다. 지난 7년 동안 회사생활을 해오면서 가장 좋았던 점은 '좋은 제품을 가지고 있다.'라는 것입니다. 많은 연구진들이 연구에 연구를 거듭해 만든 결과, 저희 회사 제품은 정말 많은 소비자들의 만족을 이끌어내고 있습니다. 이러한 자부심이 담긴 제품을 이렇게 ○○사의 임원 여러분께 소개할 수 있게 되어 정말 영광입니다. 오늘 여러분의 소중한 시간이 헛되지 않도록 저희 회사 소개에 최선을 다하도록 하겠습니다. 그럼 본격적으로 저희 회사에 대한 소개를 시작하겠습니다.

스피치 Tip

자신의 회사와 제품에 대한 자부심이 없는 영업사원이 멋진 프레젠테이션을 할 리는 없습니다. 상대방을 설득하기 전에 먼저 자기 자신부터 설득하세요.

제품 소개 프레젠테이션
스피치

 케이스1 **진정성을 담아 스피치하라**

키워드

시간은 직선이 아니라 곡선이다.

예 안녕하십니까? ○○ 정보기술 ○○○ 부장 인사드리겠습니다. 오늘 이렇게 저희 회사 제품을 소개할 수 있는 기회를 주셔서 정말 감사합니다. 요즘 병원들은 환자들의 병을 잘 고치는 것에 그치지 않고 환자들이 더욱더 편한 환경에서 진료받을 수 있도록 많은 고민을 하고 있습니다. 그래서 환자와 보호자를 만족시킬 수 있는 더 많은 병원 정보 솔루션을 선택하고 계십니다.

오늘 저희 회사의 ○○ 정보 솔루션을 통해 귀사를 더욱 행복하고 친절한 병원으로 만들어드리고 싶습니다. "시간은 직선이 아니라 곡선이다."라는 말이 있습니다. 시간을 어떻게 활용하느냐에 따라 1시간을 2~3시간 혹은 그 이상으로 늘릴 수 있다는 말입니다. 더 빠른 병원 정보 솔루션을 통해 여러분의 시간을 더욱 활용 가능하도록 만들어드리겠습니다. 그럼 지금부터 저희 회사 제품에 대한 프레젠테이션을 시작하겠습니다.

스피치 Tip

자신의 회사 제품에 대해서는 스스로 미쳐 있는 것이 중요합니다. 마치 홈쇼핑의 쇼핑호스트들처럼 말입니다. 자신도 좋아하지 않는 제품을 다른 사람에게 팔 수는 없습니다. 자신의 제품에 대해 철저히 공부해 사랑에 빠진 다음 프레젠테이션을 해야 합니다.

 케이스 2 **해당 회사를 칭찬하는 에피소드를 생각해보자**

키워드

오늘 이 회사에서 _____를 느꼈다.

예 안녕하십니까? ○○ 정보기술 ○○○ 부장 인사드리겠습니다. 오늘 이렇게 저희 회사 제품을 소개할 수 있는 기회를 주셔서 정말 감사합니다. 저희는 병원 정보 솔루션을 제공하는 회사이다 보니 병원을 자주 방문하게 되는데요, 오늘 ○○ 병원에 들어오면서 느낀 점이 '아, 환자들의 표정이 굉장히 밝구나.'라는 것이었습니다. 이는 몸이 아픈 환자들이지만 의사와 간호사 등 많은 의료진들이 환자들의 마음을 편안하게 해주기 때문일 것입니다. 만약 여기에 저희 병원 정보 솔루션까지 더해진다면 환자들의 병원 사무처리도 간결해져 더욱 에너지가 넘치는 병원이 될 것이라고 생각합니다. 저는 오늘 저희 회사의 ○○ 정보 솔루션을 통해 귀사를 더욱 행복하고 친절한 병원으로 만들어드리고 싶습니다. 그럼 지금부터 본격적으로 발표를 시작하도록 하겠습니다.

스피치 Tip

프레젠테이션을 하러 갔을 때 그 회사에서 느껴지는 바를 에피소드 삼아 말해보세요. 물론 칭찬이 담긴 긍정 에피소드가 청중에게는 더욱 호감으로 느껴지겠죠?

자신도 좋아하지 않는 제품을

다른 사람에게 팔 수는 없습니다.

자신의 제품에 대해 철저히 공부해

사랑에 빠진 다음 프레젠테이션을 해야 합니다.

프레젠테이션
스피치

🎤 케이스1 **안 좋은 말을 해야 할 때는 쿠션 화법을 활용하자**

키워드

> 막히면 문제가 생기기 마련이다.
> 막힌 곳을 찾아 진단하고 그곳을 뚫어라.

예 안녕하세요. 저는 ○○○ 파트너입니다. 저는 오늘 귀사의 경영 컨설팅 사례 보고에 대한 발표를 하도록 하겠습니다. 저희 회사가 분석한 결과 ○○기업은 그동안 탁월한 위기관리 능력을 보여왔습니다. 하지만 현재는 아주 심각한 경영 위기에 봉착해 있는 것으로 분석되었습니다. 특히나 자금 부문에서의 유동성 위기가 아주 중요한 이슈로 보입니다. 막히면 뭐든지 문제가 생기는 법입니다. 코가 막히면 숨쉬기가 어렵고 혈관이 막히면 혈압이 상승하듯, 기업에서는 자금이 막히면 경영이 어려워질 수밖에 없습니다. 저희는 일단 가장 막혀 있는 자금 쪽을 먼저 뚫는 것이 중요하다고 판단했습니다. 그럼 지금부터 본격적으로 현재 ○○기업의 자금 현황, 그리고 이를 해결할 수 있는 방법에 대해 알아보도록 하겠습니다.

스피치 Tip

물론 매번 그런 것은 아니지만 "너무 부족하다." "나쁘다." 이런 말을 하기 전에 몇 가지 좋은 점에 대해 이야기하는 것이 예의일 때가 있습니다. 이것을 쿠션 화법이라고 합니다. 쿠션처럼 부드럽게 말을 건넨 다음 자신의 의견을 이야기하는 것이 효과적일 때가 있으니 참고하시기 바랍니다.

 케이스 2 **프레젠테이션의 기본을 잊지 말자**

키워드

> 화룡점정(火龍定點), 용의 눈에 점을 찍어 완성한다.

(예) 안녕하십니까? 저는 ○○회사 ○○○ 과장입니다. 마케팅은 예전부터 존재해왔습니다. 제품을 판매하기 위해서 마케팅은 반드시 필요하죠. 그런데 이 마케팅은 시대에 따라 변화해왔습니다. 오늘날 마케팅은 오프라인보다는 온라인에서의 노출이 더욱 중요합니다. 이 온라인에서 서치(search)를 통해 제품이 얼마나 노출되느냐가 마케팅의 핵심 요소가 된 것입니다. 사람들은 제품을 보고 바로 구매하지 않습니다. 구입한 사람들의 체험담을 보고 구입을 결정합니다. 귀사의 제품을 구매자에게 판매하고 싶다면 이제는 온라인에서의 노출 전략이 반드시 필요합니다.

귀사는 이미 구매자를 설득할 수 있는 좋은 제품을 가지고 있습니다. 하지만 화룡점정, 즉 용의 눈에 점을 찍어 완성하듯 그 좋은 제품을 소비자들에게 전할 수 있는 온라인 홍보 전략이 필요합니다. 그래서 저는 오늘 귀사의 온라인 마케팅 현황, 그리고 향후 온라인 마케팅 전략에 대한 이야기를 드리고자 합니다. 그럼 본격적으로 프레젠테이션을 시작하도록 하겠습니다.

스피치 Tip

프레젠테이션 오프닝에서는 첫째, 이 발표의 중요성(필요성), 둘째, 내가 할 발표의 순서를 미리 예고해주어야 합니다. 이것이 프레젠터의 센스이고 매너입니다.

Leader's Speech

PART
03

나와서 한말씀

리더가 되면 직장 내에서뿐만 아니라 각종 비즈니스 모임 또는 인맥, 사교 모임에 참석해 사람들 앞에서 스피치를 하는 경우가 많다. 행사를 진행하는 사회자 역할을 할 수도 있고, 행사를 축하해주는 축사나 선거 연설문 등의 스피치를 할 수도 있다.

이렇게 나와서 한말씀을 하는 경우는 청중이 한두 명이기보다는 최소 30명 이상이 되는 큰 규모이기 때문에 더욱 전략이 필요하다. 한 사람을 설득하는 일은 쉽다. 하지만 30명 이상의 사람을 내 사람으로 끌어당기는 일은 보통 쉬운 일이 아니다.

다수의 사람을 설득하기 위해서는 자신이 하고 싶은 말만 해서는 안 된다. 스피치에서 가장 중요한 것은 '객관화'다. 주관적으로 자신이 하고 싶은 말만 해서는 안 되고 상대방이 내 말에 대해 어떻게 생각할지, 이해가 쉽게 될지, 오해는 없을지 객관적으로 따져봐야 한다. 그래야 많은 청중을 설득할 수 있다.

또한 이렇게 청중이 다수인 퍼블릭 스피치에서 중요한 것은 '마인트 컨트롤(mind control)'이다. 청중이 마치 내 앞에 있는 것처럼 머릿속에 떠올린 다음 그들을 향해 스피치하는 모습을 상상해보자. 그럼 말이 한결 더 편하게 나올 것이다.

골프 대회 행사 사회자
스피치

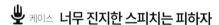 케이스 **너무 진지한 스피치는 피하자**

키워드

> 최고의 인격은 남이 잘되었을 때
> 박수를 보내는 것이다.

(예) 여러분, 오늘 골프 대회 즐거우셨습니까? 좋은 사람들과 함께 시간을 보내는 것만큼 기분 좋은 일은 없는 것 같습니다. 오늘 우리가 골프를 친 ○○CC는 ○○○ 회장님의 소개로 오게 되었는데요, 여러분들은 이곳 어떠셨습니까? 공 치기 참 좋으셨죠? 오늘 이곳을 추천해주신 ○○○ 회장님께 감사의 박수 드릴까요? (박수) 저

는 이곳에 공 치러 온 적이 몇 번 있었는데 그 어느 때보다 오늘이 즐거운 건 여러분과 함께해서겠지요. 오늘 골프 모임을 행복하게 즐긴 우리들에게도 박수 한번 보내면 어떨까요? (박수) 자, 이제부터는 본격적으로 골프 대회 시상식을 시작하겠습니다. 저는 최고의 인격이 '다른 사람이 잘될 때 박수를 보내는 것'이라고 생각합니다. (웃음) 오늘 최고의 실력을 보여준 분들에게 큰 박수 주시고요. 그럼 본격적으로 시상식을 시작하겠습니다.

스피치 Tip

행사 사회자의 스피치 스타일에 따라 그 행사의 분위기가 좌우됩니다. 골프 대회 시상식 행사를 너무 진지하게 진행하면 행사가 너무 지루해집니다. 자신이 골프를 치면서 느낀 점을 에피소드 삼아 오프닝에 이야기해보세요.

一

모임 사회자 진행
스피치

🎤 케이스 **오프닝 멘트는 넉살 좋게 시작해보자**

키워드

> 예전 일을 회상해보면 '그때 무슨 일을 했느냐.'보다는
> '누구와 그 일을 했느냐.'가 더욱 기억에 남는다.

예 안녕하십니까. 반갑습니다. 오늘 사회를 맡은 총무 ○○○입니다. 와~ 다들 너무 멋지게 하고 오셨네요. 아까 저랑 골프 함께 치셨던 분들 맞으시죠? 너무 다른 것 같은데요. 물론 운동할 때도 멋있었지만 오늘 행사에 다들 너무 아름답고 멋지게 하고 오셔서 깜짝 놀랐습니다. 여러분, 오늘 공 잘 치셨어요? 오늘 정말 공 잘 맞

는다고 느낀 분들도 계셨을 거고, 왜 이렇게 안 맞나 하며 아쉬웠던 분들도 계셨을 겁니다. 이제부터는 그런 아쉬움은 조금 내려놓고 서로 잔 부딪히며 즐거운 시간을 가져보겠습니다. 우리 박수 한 번 크게 치고 시작해볼까요? 좋습니다.

저는 이 모임을 참 좋아합니다. 제가 왜 이렇게 이 모임을 좋아하는지 생각해보니 딱 하나였습니다. 바로 좋은 사람과 함께할 수 있기 때문입니다. 예전 일을 회상해볼 때 더 기억에 남는 건 '그때 무슨 일을 했느냐.'보다는 '누구와 그 일을 했느냐.', 즉 사람이더라고요. 좋은 사람과 함께 좋은 시간을 보내는 것만큼 행복한 일은 없는 것 같습니다. 그런 좋은 사람들이 함께하기에 제가 이 모임을 좋아하는 것 같은데, 여러분도 그러시죠? 골프 대회니까 성적도 중요하지만 이렇게 좋은 사람끼리 서로 알고 느끼는 시간이 더욱 중요하지 않나 싶습니다. 이제는 경쟁을 내려놓고 편안하게 행사를 즐겨주셨으면 좋겠습니다. 자, 그럼 지금부터 제○회 원장 배 골프 대회 시상식을 시작하겠습니다.

스피치 Tip

노래를 부를 때도 첫 톤이 중요하듯 스피치도 첫 오프닝 멘트가 중요합니다. 오프닝에 넉살스러운 멘트를 넣어보세요.

학회 진행 사회자 오프닝
스피치

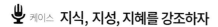 케이스 **지식, 지성, 지혜를 강조하자**

키워드

> 아는 것이 머리에 있으면 지식이 되고
> 그것이 가슴으로 내려오면 지성이 되고
> 그것을 사랑으로 표현하면 지혜가 된다.
>
> -이외수-

(예)　여러분, 안녕하십니까? 반갑습니다. 오늘 ○○학회 진행을 맡은 ○○○입니다. 생각보다 많은 분들이 이 학회에 참석해주셨습니다. 5월은 여러 행사로 여유가 없는 달인데요, 여기에 학회 일정

까지 잡혀 교수님들도 분주한 마음으로 이 학회에 참석하셨을 거라 생각합니다. 하지만 오늘 학회 주제인 ○○○은 우리가 당면한, 꼭 해결해야 하는 사안이므로 주제 발표를 들으시면서 좋은 의견 제시 부탁드리겠습니다. 이런 말이 있더라고요. "아는 것이 머리에 있으면 지식이 되고 그것이 가슴으로 내려오면 지성이 되고 그것을 사랑으로 표현하면 지혜가 된다." 우리의 환자(고객)들은 교수님들의 지식이 아닌 자신들에게 사랑으로 표현되는 지혜를 원할 것입니다. 오늘 이 학회를 통해 좋은 의견이 많이 나와 교수님들의 지혜가 더 많은 분들에게 전달되었으면 합니다.

스피치 Tip

지식, 지성, 지혜, 이 단어들은 꼭 기억해서 말해야 합니다.

아는 것이 머리에 있으면 지식이 되고

그것이 가슴으로 내려오면 지성이 되고

그것을 사랑으로 표현하면 지혜가 된다.

축제 진행 사회자
스피치

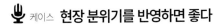
케이스 **현장 분위기를 반영하면 좋다**

키워드

> 축제는 즐기는 사람의 것이다.
> 머리가 아닌 가슴으로 느끼자.

예 안녕하세요. 오늘 ○○ 축제 진행을 맡은 ○○○입니다. 여러분, 반갑습니다. 와! 정말 오늘 많은 분들이 오셨네요. ○○ 축제가 여러분의 사랑을 많이 받는 행사라는 것은 이미 알고 있었지만 오늘 정말 많은 분들이 오셔서 깜짝 놀랐습니다. 어떠세요? 축제에 오니 기분 좋으신가요? 여러분도 아시겠지만 ○○ 축제는 이미 이

지역의 오랜 자랑거리가 되었습니다. 예년에는 전문 MC가 와서 행사 축제 진행을 맡았었는데 올해는 지역주민이 직접 MC를 보자고 해 제가 이렇게 이 자리에 서게 되었습니다. 부족하더라도 끝까지 최선을 다할 테니 꼭 지켜봐주세요. 축제는 즐기는 사람의 것이라는 말이 있습니다. 머리가 아닌 마음으로 가슴으로 이 축제를 즐겨주셨으면 합니다. 자, 그럼 본격적으로 축제를 시작해볼까요?

스피치 Tip

행사의 전체적인 분위기를 스케치한 뒤 말로 표현해보세요. 훨씬 더 생동감 넘치는 스피치를 할 수 있게 됩니다. 더군다나 자신만 아는 행사의 비하인드 스토리를 말하면 사람들의 시선을 훨씬 더 집중시킬 수 있습니다.

—

음악 축제 진행 사회자
스피치

🎤 케이스 **솔직한 스피치로 음악 축제 진행을 해보자**

키워드

음악은 가장 가까운 친구다.

예 안녕하십니까? 반갑습니다. 오늘 ○○ 고음악 축제 사회를 맡은 ○○○입니다. 행사 시작하기 전에 고음악이 잔잔하게 깔렸는데요. 우리의 ○○ 고음악은 정말 언제 들어도 분위기 있고 멋스러운 것 같습니다. 이렇게 고음악을 듣고 있으면 마음이 참 편안해지고 행복해지는데, 여러분도 그러시나요? 이런 말이 있더라고요. "음악은 가장 가까운 친구다." 음악은 이렇게 언제 어디서든 우리의 마음에 위안을 주는 강한 힘이 있는 것 같습니다.

저는 오늘 이 자리에 두려움 반 설렘 반으로 섰습니다. 고음악을 사랑해 옆에 두었을 뿐인데 이렇게 ○○ 고음악 축제 운영위원장이라는 중책을 맡게 되어 두렵기도 하고, 또 한편으로는 제가 가지고 있는 부족한 능력이나마 보태어 고음악 축제를 널리 알릴 수 있다는 생각에 설레기도 합니다. 앞으로 ○○ 고음악 축제 운영위원장으로 열심히 뛰도록 하겠습니다. 그럼 본격적으로 ○○ 고음악 축제를 시작해볼까요?

스피치 Tip

진심을 담은 것만큼 좋은 스피치가 어디에 있을까요? 화려한 멘트보다는 솔직한 멘트가 더욱 사람들을 감동시키는 법입니다. 솔직함을 표현해보세요.

심포지엄 행사 사회자
스피치

🎤 케이스 **의례적인 오프닝 멘트라도 성의를 보이자**

키워드

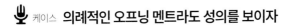

무슨 일을 하든 성의,
즉 정성을 다하는 마음을 가지는 것이 중요하다.

예 여러분, 안녕하십니까? 이 자리에 참석해주신 여러분께 진심으로 감사드립니다. 오늘 ○○협회 2016년도 정기 심포지엄 개회식 사회를 맡은 ○○○입니다. 먼저 바쁘신데도 불구하고 이 자리에 참석해 자리를 빛내주신 내외 귀빈과 성황을 이루어주신 회원 및 협력사 여러분께 감사드립니다. 저는 어떤 일을 하든, 그리고 무슨 일을 하든 정성을 다하는 마음, 즉 '성의'가 중요하다고 생각하는데요. 오늘 이 심포지엄은 ○○협회가 지난 5개월간 성의를 가지고 준비한 행사입니다. 본 심포지엄을 통해 유익한 지식을 나누고 정보를 교류해 우리 모두가 한 단계 도약하는 토대가 되길 바랍니다.

스피치 Tip

사회자는 주연은 아니지만 명품 조연의 역할을 해야 합니다. 사회자가 오프닝 멘트를 의례적으로 하느냐, 조금이라도 다른 멘트를 넣으려고 노력하느냐는 행사 분위기에서 많은 차이를 낳습니다.

一

총동창회 체육대회
축사

🎤 케이스 **요점을 정해서 짧게 말하자**

키워드

> 과유불급(過猶不及),
> 지나친 것은 모자란 것보다 못하다.

(예) 여러분, 반갑습니다. 방금 소개받은 총동창회장 ○○○입니다. 오늘 날씨가 참 좋습니다. 비가 오면 어떻게 하나 어제 밤잠을 설쳤습니다. 동창회장의 인덕이 부족하면 체육대회 날 비가 온다는 속설도 있던데 참 다행입니다. (미소) 오랜만에 학교에 오니 기분 좋으시죠? 저는 학교 일을 좀 돕다 보니 학교에 오는 경우가 종종

있는데 학교에 올 때마다 '교정과 운동장은 그대로인데 나만 왜 이렇게 변했나?'라는 생각이 많이 들더군요. 마음만큼은 초등학교 시절 운동장에서 축구하던 때랑 같은데 말입니다. 오늘만큼은 우리 모두 직위·연봉·나이 등 이런 거 다 버리고 그냥 초등학교 시절로 돌아가 신나게 체육대회를 즐겼으면 좋겠습니다. 어때요? 그러실 수 있겠습니까?

오늘 저는 여러분께 2가지만 말씀드리도록 하겠습니다. 첫째는 '감사함'입니다. 오늘 체육대회를 진행해주신 ○○초등학교 교장 선생님과 선생님들, 그리고 물심양면 물품을 후원해주신 동문님들에게 감사하다는 말씀 전합니다. 그리고 오늘 체육대회에 참석해주신 동문 여러분께도 감사한 마음을 전합니다.

둘째는 바로 '안전'입니다. 물론 재미있게 체육대회를 치르는 것도 중요하지만, 우리들의 나이가 이제 몸이 한 번 고장 나면 완쾌가 잘 안 되는 나이가 되었더라구요. 과유불급(過猶不及), 지나친 것은 모자란 것만 못하다는 말이 있죠? 이 말을 꼭 기억하시고 너무 치열하게 경쟁해서 누군가 다치는 일은 없었으면 좋겠습니다. 이 2가지 꼭 기억해주시고요, 그럼 여러분 모두에게 즐거운 체육대회가 되길 바랍니다. 감사합니다.

스피치 Tip

최고의 스피치는 짧게 하는 것입니다. 나와서 한말씀을 할 때는 약 3분 내외로 5분을 넘겨서는 안 된다는 것을 명심합시다.

一

출판 기념회
축사

🎤 케이스 **해당 책은 반드시 읽고 가자**

키워드

> 사람이 만든 책보다 책이 만든 사람이 더 많다.
> 당신으로 하여금 많은 생각을 하게 하는 책이
> 바로 당신에게 필요한 책이다.

📍예 안녕하십니까, 반갑습니다. 오늘 출판 기념회 축사를 맡게 된 ○○○입니다. 저는 이 책을 쓴 저자 ○○○와 ○○모임에서 처음 만나 인연을 맺었습니다. 항상 다른 사람을 배려하고 어떤 일이든 열정을 가지고 도전하는 모습이 참 인상적이었는데, 이렇게 또 바

쁜 시간을 쪼개서 책까지 출판했다고 하니 더욱 대단하다는 생각이 듭니다. 책을 미리 받아서 읽어보니 참 좋은 내용이 많더군요.

(책의 내용 중 의미가 있었던 부분을 말한다.)

여러분, 이런 말이 있습니다. "사람이 만든 책보다 책이 만든 사람이 더 많다." 저는 이 책을 읽고 환경에 대한 생각을 좀더 깊이 있게 하게 되었습니다. 책을 읽다 보면 자신도 모르게 깊은 생각에 빠지게 하는 책이 있죠. 그런 책은 자신에게 꼭 필요한 책이어서 그렇다고 합니다. 여러분도 읽어보시면 저처럼 그동안 몰랐던 새로운 분야에 대한 관심이 생길 것이고, 환경에 대해 더욱 깊이 있는 생각을 하실 수 있을 겁니다. 다시 한 번 이 책의 ○○○ 저자에게 존경을 표합니다. 감사합니다.

스피치 Tip

출판 기념회 축사를 하는 분들에게 궁금한 것이 있습니다. '과연 저 분은 저 책을 읽었을까?'입니다. 출판 기념회 축사를 할 정도로 친분이 있다면 당연히 그 작가의 책을 읽고 가야 하지 않을까요?

一

동문회 행사
축사

케이스 **부드러운 대화체로 스피치를 해보자**

키워드

생각보다 어렵지 않다.

예 안녕하십니까? ○○○입니다. 제게 이렇게 동문회 행사 축사를 할 수 있는 영광을 주셔서 진심으로 감사드립니다. 또한 모교에 대한 관심과 애정을 가지고 이런 자리를 마련해주신 ○○○ 동문 회장님께도 감사한 마음 전합니다. 여러분, 올해는 우리 ○○고등학교가 개교 60주년을 맞이하는 해입니다. 그동안 각계에서 눈부신 활동과 활약을 해오신 동문 여러분께도 이 자리를 빌려 진심으로 감사하다는 말씀드립니다.

여러분, 저는 ○○기업을 운영하고 있습니다. 저희 회사는 골프공을 만드는 회사인데요, 얼마 전에 세계적으로 유명한 골프 선수를 만나 이런 저런 대화를 나눌 기회가 있었습니다. 제가 그 선수에게 이런 질문을 했습니다. "야구 선수들이 홈런을 칠 때 야구공이 축구공만 하게 보인다고 하는데 골프에도 그런 것이 있습니까?" 그러자 그 골프 선수가 "우승을 하는 날은 공도 커 보일 뿐만 아니라 호미로 골을 파놓은 것처럼 홀도 커 보입니다."라고 대답하는 것이 아니겠습니까? 똑같은 공이고 홀인데 왜 이리 다르게 보이는 걸까요? 저는 그 이유가 바로 '자신감' 덕분이라고 생각합니다. 자신감이 있으면 뭐든 어려워 보이지 않는 법입니다.

지금 우리에게 필요한 것도 이 '자신감'이 아닐까 싶습니다. 그동안 우리 학교를 위해 선배님들께서 많은 터전을 닦아주셨습니다. 이제는 우리 후배들이 자신감을 가지고 학교를 위한 사업들을 추진한다면 우리 학교의 명성에 맞는 멋진 프로젝트들을 성공적으로 이끌 수 있으리라 생각합니다.

"생각보다 어렵지 않다."라는 말이 있습니다. 우리 모두 힘을 합쳐 자신감을 가지고 하나씩 일을 실행해나간다면 즐겁게 사업을 추진할 수 있으리라 생각합니다. 감사합니다.

스피치 Tip

축사라고 하면 딱딱한 '격식체'로 말해야 한다고 생각하는 분들이 많습니다. 하지만 요즘에 스피치 현장에 나가보면 부드러운 '대화체'로 말씀을 하시는 분들도 많이 있습니다. 공식적인 자리에서는 어느 정도의 격식체가 필요하긴 하지만 격식체는 잘 들리지도 않고 재미도 없습니다. 소통하는 대화체를 한번 시도해보세요.

공식적인 자리에서는 어느 정도의 격식체가 필요하긴 하지만

격식체는 잘 들리지도 않고 재미도 없습니다.

소통하는 대화체를 한번 시도해보세요.

一

운동시설 오픈
축사

🎤 케이스 **재치 있는 표현으로 '건강'을 강조하자**

키워드

> ### 이제는 9988234에서 9988231시대

예 여러분 안녕하십니까? ○○○ 의원입니다. 이렇게 날씨가 추운데도 불구하고 ○○○구 게이트볼장 오픈식에 참석해주신 지역 주민 여러분께 감사드립니다. 지역 주민들이 함께 여가와 운동을 즐길 수 있는 시설이 없다는 것이 늘 아쉬웠었는데요. 이렇게 우리 지역 주민을 위한 게이트볼장이 완공되어 정말 기쁩니다. 특히 게이트볼은 연세가 있으신 어르신분들이 운동도 하고 게임도 즐길 수 있어 더욱 즐겁게 할 수 있는 운동인데, 이렇게 가까운 곳에 게이트볼장이 설립되어 정말 반갑고 기쁩니다.

여러분, '9988234'라는 말 아시죠? '99세까지 팔팔하게 살다 이틀 앓고 3일 만에 죽자.'라는 말입니다. 그런데 요즘은 이게 바뀌었다고 합니다. 9988231로 말입니다. '99세까지 팔팔하게 살다 이틀 앓고 3일 만에 일어나자!'라고 말입니다. 우리 지역 어르신들이 이 게이트볼장에서 열심히 운동하시면서 99세 이상 100세, 120세까지 팔팔하게 장수하셨으면 좋겠습니다. 감사합니다.

스피치 Tip

9988234와 9988231을 이야기할 때는 사람들과 함께 천천히 머릿속으로 그 숫자를 떠올리며 말해주세요. 그래야 상대방이 이해할 수 있습니다.

一

발전 센터 개관식
축사

🎙 케이스 **자신의 경험이나 배경지식 등을 활용해보자**

키워드

> 삶에서 성장을 가능하게 해주는 3가지 원료는
> '원칙 · 집중력 · 헌신'이다.

예 안녕하십니까? ○○발전의 ○○○입니다. 오늘 아침 차를 타고 서울에서 광주로 내려왔는데 '빛고을 광주'라는 말처럼 환한 햇살이 제 마음까지 상쾌하게 해주는 것 같았습니다. 사실 저도 고향이 광주입니다. 오랜만에 고향에 오니 기분도 좋고, 또 이렇게 의미 있는 사업이 광주에서 추진된다고 하니 더할 나위 없이 행복합니다. 이 지역 출신인 제가 ○○위원의 자격으로 본 행사에 참여하게 된 것을 무한한 영광으로 생각합니다. 이렇게 태양광 발전 설비 준공을 축하하기 위해 자리를 마련해주신 ○○○ 광주광역시 시장님과 ○○○ 햇살터 사장님 등 관계자 여러분께 심심한 감사의 인사를 드립니다. 신재생 에너지에 대한 관심과 필요성은 이미 여러 해 전부터 강조해왔습니다. 광주의 신재생 에너지 복합단지 준공을 시작으로 더 많은 신재생 에너지 사업에 탄력이 붙었으면 합니다. 무슨 일이든 원하는 바를 이루려면 저는 3가지가 필요하다고 생각합니다. 첫째가 원칙을 지키는 마음, 둘째가 집중력, 마지막으로 헌신하는 마음입니다. 우리 모두가 이 3가지를 잊지 않는다면 이 사업을 성공적으로 추진할 수 있으리라 생각합니다. 우리 광주시의 태양광 사업이 친환경 에너지 사업의 초석이 되어 행복한 삶을 만드는 데 기여했으면 합니다. 오늘 행사에 참석해주신 여러분의 가정에 건강과 행복이 가득하시길 기원합니다. 감사합니다.

스피치 Tip

어떤 단체나 모임, 행사에서 축사를 의뢰받게 되면 내가 가지고 있는 경험이나 신문에서 본 정보 등을 머릿속에 떠올려보세요. 은근히 오버랩되는 교집합을 찾을 수 있을 것입니다.

一

송년 모임
축사

🎤 케이스 **한 해를 마무리할 때는 명언을 활용하자**

키워드

> 춤춰라, 아무도 보지 않는 것처럼.
> 사랑하라, 한 번도 상처받지 않은 것처럼.
> 노래하라, 듣는 이가 없는 것처럼.
> 살아라, 이곳이 천국인 것처럼.
>
> − 마크 트웨인 −

예 여러분, 올해도 이렇게 어김없이 지나가고 있네요. 한 해를 돌아보면 항상 아쉬움이 많이 남는 것 같습니다. 올해 어떻게 잘 살

아내셨습니까? 지나온 세월을 돌이켜보면 아쉬운 것 중에 하나가 바로 '재미있게 살지 못한 것'이더라고요. 뭐가 그리 진지했을까? 뭐가 그리 심각했을까? 그냥 하루하루 재미있게 살려고 노력하면 될 것을…. 여러분도 이런 생각해보신 적 있으세요?

마크 트웨인이라는 대작가가 이런 말을 했습니다. "춤춰라, 아무도 보지 않는 것처럼. 사랑하라, 한 번도 상처받지 않은 것처럼. 노래하라, 듣는 이가 없는 것처럼. 살아라, 이곳이 천국인 것처럼." 여러분, 맞습니다. 다른 사람 의식할 필요 없이 행동하고, 지금 내가 살고 있는 이 세상이 천국이라고 생각하며, 내가 알고 있는 사람을 사랑하는 것만큼 중요한 것은 없는 듯합니다. 우리 모두 내년에는 이 명언을 마음속에 품고 재미있게 살았으면 합니다. 감사합니다.

스피치 Tip

대작가 마크 트웨인이 한 말을 마치 배우처럼 한번 읊어보세요. 훨씬 더 드라마틱한 스피치가 될 겁니다.

━

최고위 과정
개회사

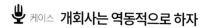 케이스 **개회사는 역동적으로 하자**

키워드

> 화향백리, 주향천리, 인향만리
>
> (花香百里, 酒香千里, 人香萬里)
>
> 꽃의 향기는 백 리를 가고
>
> 술의 향기는 천 리를 가지만
>
> 사람의 향기는 만 리를 간다.

예 안녕하십니까? 수석부회장 ○○○입니다. 여러분 벌써 졸업이네요? (아쉬운 듯) 참 많이 아쉽고 서운하죠? 처음에 만났을 때는 서로 낯설고 서먹서먹했지만, 시간이 지나면서 정을 나누며 형제처럼 가까워져 이 모임이 얼마나 소중한지 모릅니다.

옛말에 이런 말이 있죠? "화향백리, 주향천리, 인향만리. 꽃의 향기는 백 리를 가고 술의 향기는 천 리를 가지만 사람의 향기는 만 리를 간다." 저는 지난 1년 동안 여러분의 향기에 취해 정말 행복한 시간을 보냈습니다. 오늘 우리는 갈무리를 하지만 앞으로도 계속 우리의 인연은 소중하게 지켜나갔으면 좋겠습니다.

자, 지금부터 ○○대 최고위 과정 4기 졸업식 개회를 선언합니다.

스피치 Tip

개회사를 어떻게 하느냐에 따라 행사의 분위기가 좌우됩니다. 너무 무겁고 진지하게 하면 행사 자체가 경직되니, 자신 있고 힘 있는 개회사를 해보세요. 표정에는 미소가, 목소리는 힘과 열정이, 마음에는 진정성이 녹아드는 멋진 개회사가 행사의 품격을 올릴 겁니다.

최고위 과정
취임사

 케이스 **명언이 식상하면 각색하자**

키워드

> 경청의 1, 2, 3, 4 법칙
>
> 내가 1분간 말하면
>
> 상대방의 말을 2분간 들어주고
>
> 그사이 3번 맞장구를 쳐라.
>
> 여기에 4! 항상 밥과 술은 내가 사겠다.

예 안녕하십니까, 10기 원우 여러분! ○○○입니다. 정말 영광입니다. 이렇게 저를 10기 2회 회장으로 뽑아주셔서 정말 감사합니다. '과연 제가 앞으로 잘할 수 있을까?' 하는 걱정도 되고 또 어깨가 무겁기도 하지만, 여러분이 뽑아주신 만큼 열심히 일하겠습니다. ○○○ 전임회장님 너무 많이 고생하셨습니다. 그동안 전임회장님과 집행부 분들이 애를 많이 쓰셨는데요. 고생하신 이분들을 위해 큰 박수 부탁드립니다.

우리가 이 ○○대 최고위 과정에서 인연을 맺은 지도 벌써 2년 정도 됐는데요. 저는 참 이 모임이 편합니다. 좋은 분들과 편하게 대화하고 정보도 나눌 수 있어 참 이 과정을 좋아하는데요. 여러분도 그러시죠?

저는 앞으로 여러분과 함께 많은 소통을 하고 싶습니다. 여러분과 소통하기 위해서는 가장 먼저 저희 집행부와 소통해야 할 것 같습니다. 집행부가 똘똘 뭉쳐 중심을 잘 잡아야 최고위 과정을 잘 이끌어갈 수 있으니까요. 최소한 상반기와 하반기 각 2회, 총 4번의 회의와 만남으로 서로 소통하겠습니다.

또한 집에 있는 우리 사모님들과의 소통을 시도하겠습니다. 우리끼리 모임을 하는 것도 의미가 있지만 지금 우리가 있기까지 고생한 우리 사모님들과 함께 골프도 치러 가고 워크숍도 즐긴다면 더욱 우리 사이가 *끈끈해질* 수 있을 겁니다.

마지막으로 원우 여러분의 말씀에 귀 기울이겠습니다. 경청에 1, 2, 3 법칙이 있더라고요. "내가 1분간 말하면 상대방의 말을 2분간 들어주고 그사이 3번 맞장구를 쳐라."라는 말인데, 저는 여기에 4를 더하겠습니다. 여러분이 연락만 주시면 항상 밥과 술은 제가 사겠습니다.

제가 먼저 말하기보다 여러분의 말씀에 귀 기울이는 회장이 되겠습니다. 많이 도와주십시오. 여러분, 고맙습니다.

스피치 Tip

경청의 1, 2, 3 법칙은 꽤 유명한 말이죠. 많은 사람들이 알고 있어 식상하다고 생각이 된다면 조금 그 명언을 각색해보세요. 새로운 표현이 될 겁니다.

—

협회 회장 선거
인사말

🎤 케이스 **선거 연설문은 2가지 혹은 3가지로 폴더화하자**

키워드

> 가장 낮은 자세로 들어라.
> 깊은 물은 조용히 흐른다.

예　여러분, 이번 협회 회장선거에 나온 ○○○입니다. 이번 회장 선거를 준비하면서 정말 많은 회원들을 만났습니다. 여러분의 말씀을 귀 기울여 듣고 마음속으로 하나하나 새겼습니다. 그리고 저는 한 가지 사실을 깨달았습니다. '회장이라는 자리는 회원들을 대표하는 가장 높은 자리가 아니구나. 회원들의 소리를 몸을 낮춰 들어야 하는 가장 낮은 자리구나.'라는 것을 말입니다. 가장 낮은 자리에서 회원들이 하는 이야기를 경청하겠습니다. "깊은 물은 조용히 흐른다."라는 말이 있습니다. 묵묵히 하나씩 여러분이 원하는 것을 풀어나가겠습니다. 저는 ○○협회 회장으로 여러분께 다음의 3가지를 약속드리겠습니다. (3가지 약속을 설명한다.)

스피치 Tip

선거 연설문을 작성할 때 본론은 크게 2가지나 3가지로 폴더화해보세요. 예를 들어 "첫째, ○○○ 사업을 추진하겠다. 둘째, ○○○ 문제점을 해결하겠다." 이렇게 말입니다. 그러면 두괄식의 화법이 되기 때문에 청자의 머릿속에 내가 말한 내용이 훨씬 더 잘 남게 됩니다.

선거 연설문을 작성할 때 본론은

크게 2가지나 3가지로 폴더화해보세요.

그러면 두괄식의 화법이 되기 때문에

청자의 머릿속에 내가 말한 내용이 훨씬 더 잘 남게 됩니다.

一

선거 출범식
스피치

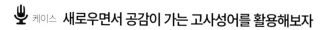 케이스 **새로우면서 공감이 가는 고사성어를 활용해보자**

키워드

파부침주(破釜沈舟)

📢　여러분, 우리는 지금 아주 중요한 선거를 앞두고 있습니다. 그동안 많은 선거를 치러왔지만 이번처럼 격전을 치른 적은 없었습니다. 우리 모두가 힘을 합쳐야만 이 선거를 승리로 이끌 수 있을 것입니다.

'파부침주'라는 말이 있습니다. '어떤 싸움을 하러 가기 전에는 밥 지을 솥도 깨뜨리고 돌아갈 때 타고 갈 배도 가라앉힌다.'라는 강인한 결의를 표현한 말입니다. 지금 우리에게 필요한 것은 바로 이 파부침주하는 마음일 겁니다. 여러분, 우리는 할 수 있습니다.

스피치 Tip

누구나 다 아는 고사성어는 진부할 수 있습니다. 새로우면서도 내용에 공감이 가는 고사성어는 꼭 기록해두시고, 이를 활용해보세요. 고사성어는 말 자체를 품격 있게 만드는 묘한 매력이 있습니다.

라이온스 로터리 회장
선거 인사말

🎤 케이스 **흥미로운 일화로 스피치를 풍성하게 만들자**

키워드

> 어떤 인연이 옆에 있는가에 따라 인생이 달라진다.
>
> (홍콩의 갑부 이가성 회장 운전기사의 일화)

예 안녕하십니까, 반갑습니다. 요즘 날씨가 너무 춥습니다. 날씨는 춥긴 하지만 이렇게 따뜻한 마음을 가진 라이온스 지도자 여러분을 만나뵈니까 오히려 제 마음은 더 따뜻해지는 것 같습니다. 여러분도 제 마음과 같으시죠? 저는 ○○○ 클럽 소속 지구 자문위원 ○○○ 라이온입니다. 여러분에게 정중히 인사 올리겠습니다.

(인사) 이렇게 날씨도 춥고 또 바쁘신 연말임에도 불구하고, '아름다운 봉사인 송년회'에 참석해주신 존경하는 ○○○ 총재님, 자문위원님, 지도위원님, 운영위원님, 그리고 사랑하는 라이온스 지도자 여러분, 진심으로 감사드립니다.

저는 인생을 살아오면서 누구를 만나느냐에 따라 행운과 불행이 갈린다고 생각합니다. 홍콩의 최고 갑부 이가성 회장에게는 평생을 함께한 운전기사가 있었습니다. 그가 정년퇴임을 하자 회장은 200만 위엔, 한화로 3억 6천만 원 정도 되는 돈을 운전기사에게 건넸지만 웬일인지 이 운전기사는 돈을 받지 않았다고 합니다. 이에 궁금해하자 기사는 회장님 차를 몰며 회장님이 전화 통화하는 것을 듣고 땅과 주식을 사서 이미 2천만 위엔의 재산을 모았다며, 회장이 주는 돈을 사양했다고 합니다. 이렇듯 사람에게는 인연이 중요합니다. 저는 라이온스에서 행운이 될 수 있는 인연을 많이 만났기에 이 자리까지 올 수 있었다고 생각합니다.

스피치 Tip

이가성 회장 운전기사의 일화를 이야기할 때는 그 스토리의 이미지를 머릿속으로 연상하며 말해보세요. 이가성 회장의 운전기사가 실제로 어떻게 했는지 그때의 상황을 재현하면 더욱 맛깔나게 말할 수 있을 겁니다.

―

봉사 모임 회장
선거 인사말

🎤 케이스 **진부한 표현도 마음을 담으면 특별해진다**

키워드

> ### 어머니의 사랑은 세상에서 가장 위대하다.

예 저는 앞으로 로터리 여성 봉사자로서 다음의 2가지 자세를 가지고 봉사에 임하겠습니다. 첫째, 따뜻한 포용력으로 로터리를 품겠습니다. 로터리 조직은 항상 변하고 발전하는 하나의 유기적인 생명체와 같습니다. 저는 여성이 가지고 있는 따뜻한 마음, 많은 사람을 포용할 수 있는 어머니 리더십을 가지고 로터리에서 봉사하겠습니다. "어머니의 사랑은 세상에서 가장 위대하다."라는 말처럼 따뜻한 어머니의 포용력으로 로터리를 끌고 나가겠습니다.

둘째, 말이 아닌 행동으로 보여드리겠습니다. 빈 수레가 요란하다는 말이 있습니다. 저는 말보다는 행동으로 보여주었던 사람입니다. 사실 입으로만 말하는 것은 어렵지 않습니다. 그것을 행동으로 옮기는 것이 힘들지요.

저는 꿈이 있습니다. 한때 우리 지구의 회원이 만 명에 가까웠던 시기가 있었습니다. 저는 그 순간을 다시 꿈꿉니다. 여러분이 저에게 해주시는 소중한 말씀을 마음으로 깊이 새겨 반드시 이것을 행동으로 옮기겠습니다.

스피치 Tip

진부한 표현도 화자가 어떻게 말하느냐에 따라 생명력이 달라질 수 있습니다. 꼭 새로운 말을 해야 한다는 부담감에서 벗어나세요. 진부한 말도 마음을 담아 이야기하면 특별해집니다.

一

봉사 단체 선거
연설문

🎤 케이스 **좋아하는 명언이나 문구를 적재적소에 활용하자**

키워드

> 혼자 가면 빨리 갈 수 있지만
> 함께 가면 멀리 갈 수 있다.

🔘 라이온스 가족 여러분, 저는 사실 부족한 점이 많은 사람입니다. 여러분 중에는 저보다 더 많이 배우고 더 많이 경험한 분들이 계실 겁니다. 하지만 '봉사'는 많이 배웠다고 또 많은 경험을 했다고 해서 잘할 수 있는 것은 아니라고 생각합니다. 부족하기에 더 많이 경청하고 더 많이 나누겠습니다. 제가 더 큰 봉사를 하려면

저 혼자만의 힘으로는 많이 부족합니다. "혼자 가면 빨리 갈 수 있지만 함께 가면 멀리 갈 수 있다."라는 말이 있습니다. 저는 혼자 빨리 가지 않겠습니다. 여러분과 함께 멀리 라이온스의 정신을 이어나가겠습니다. 여러분 함께해주십시오. 그리고 제게 그 일을 할 수 있는 힘을 주십시오. 그럼 제가 가진 봉사의 열정을 맘껏 몸으로 실천하겠습니다. 여러분, 많이 도와주십시오. 저를 응원해주시는 뜻에서 저에게 힘찬 응원의 박수를 부탁드립니다. 감사합니다. 여러분, 올해 정말 고생 많으셨습니다. 다가오는 한 해도 여러분에게 행운만이 깃들기를 바랍니다.

스피치 Tip

"혼자 가면 빨리 갈 수 있지만 함께 가면 멀리 갈 수 있다."라는 말을 제가 참 좋아하는 것 같죠? 맞습니다. 이렇게 몇 가지 명언만 가지고 있으면 언제 어디서든 활용이 가능합니다. 그 몇 가지 명언을 만드는 것이 참 어렵지만 말입니다.

—

교통안전 교육원 원장
퇴임사

🎤 케이스 **감사함과 아쉬움을 전해보자**

키워드

> ### 어린이가 없는 천국은 없다.
>
> – A.C 스윈번 –

㉿ 안녕하세요. ○○○입니다. 처음 어린이 교통안전 교육원 원장
으로 취임했을 때가 엊그제 같은데 벌써 1년이라는 세월이 흘렀
습니다. 지난 1년 동안 제가 원장으로 어떻게 일을 했나 돌이켜보
니 아쉬운 마음이 큽니다. 그동안 교통안전 교육원의 원장으로 최
선을 다했는지 스스로에게 물어봤습니다. 아쉽고 섭섭한 마음이

먼저 드는 걸 보니 앞으로 다른 자리에서 교통안전 교육원을 위한 사업에 더욱 노력을 다해야겠다는 생각이 들었습니다.

여러분, 오늘 이 자리에 서니 2가지 마음이 듭니다. 우선은 '감사함'입니다. 제가 원장으로서 책무를 다할 수 있도록 도와주신 여러 팀장님과 교사님들께 진심으로 감사드립니다. 다음은 바로 '아쉬움'입니다. 어린이에 대한 교통안전은 정말 '교육'입니다. 저는 지난 10여 년 동안 여러 번의 운영위원을 거치며 어린이에 대한 교통안전에 미력한 힘을 보태왔는데, 원장으로서 더욱 다양한 사업을 추진하지 못한 것 같아 아쉬운 마음이 큽니다. 하지만 새로운 원장님이 여러 많은 사업들을 추진할 수 있도록 옆에서 함께할 것을 여러분께 약속드립니다. 스윈번이라는 사람은 "어린이가 없는 천국은 없다."라고 말했습니다. 우리 사회를 밝고 희망차게 빛내줄 어린이들을 지키는, 우리들의 일이 더욱 커질 수 있도록 저도 항상 노력하겠습니다. 다시 한 번 저에게 큰 도움을 주신 분들께 감사한 마음 전하며 마치겠습니다. 감사합니다.

스피치 Tip

일부러 자신의 공을 자랑할 필요 없습니다. 자신의 공에 대한 치사는 자신이 하는 것이 아닙니다. 남이 옆에서 해주는 것이지요.

혼자 가면 빨리 갈 수 있지만

함께 가면 멀리 갈 수 있다.

一

결혼식 주례사
스피치

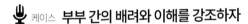 케이스 **부부 간의 배려와 이해를 강조하자**

키워드

> 남편의 고집을 꺾으려는 아내의 고집은
> 얼마나 더 센 것인가?
> — 법륜 스님의 주례사 —

예 이 두 사람은 새로운 출발을 앞두고 있습니다. 서로 다른 환경에서 자라난 두 사람이 한 공간에서 함께 산다는 것은 정말 어려운 일입니다. 이때 부부는 서로를 바꾸려고 하기보다는 인정해야합니다. 서로를 바꾸려고 하면 싸움이 일어날 수밖에 없습니다. 법륜 스님의 『스님의 주례사』라는 책에 이런 이야기가 있습니다. 남편은 양말을 벗을 때 꼭 돌돌 말아서 세탁기 앞에 툭 던져 놓았습니다. 부인은 그것이 너무 싫었습니다. 그 더러운 양말에 손을 넣어 말아져 있던 양말을 펴야 했기 때문입니다. 그래서 남편이 그럴 때마다 잔소리를 계속 했습니다. 하지만 남편은 바뀌지 않았고, 부인은 계속 그렇게 하지 말라며 말했습니다. 법륜 스님은 이 부부를 두고 이런 말을 했습니다. "20년 동안 양말을 돌돌 만 남편의 고집, 정말 세다. 그런데 그런 남편의 고집을 꺾으려고 계속 말을 하는 부인의 고집은 얼마나 더 센 것인가?" 하나하나 바꾸려고 하면 서로가 힘들어질 뿐입니다. 서로를 변화시키려고 하지 말고 인정하십시오. 그래야 행복하게 살 수 있습니다.

스피치 Tip

주례사를 길게 하지 마세요. 의례적인 축복의 말보다는 전달하고자 하는 메시지에 의미 있는 스토리를 곁들인다면 주례사가 훨씬 풍성해질 겁니다.

─

여행 인사말
스피치

🎤 케이스 **여행의 느낌을 살려 스피치해보자**

키워드

> 여행을 하는 것과 병에 걸리는 것의 공통점은
> '자신을 돌아보게 된다는 것'이다.
>
> — 다카오치 히토시 —

예 안녕하세요. 반갑습니다. ○○○입니다. 다들 바쁘신데도 불구하고 이렇게 시간을 내 중국 여행에 동참해주셔서 진심으로 감사드립니다. 여러분, 중국 여행 어떠세요? 바쁜 일상을 뒤로 하고 이렇게 나오니 그동안 긴장했던 마음이 조금은 풀리는 것 같습니다.

항상 중국 여행 하면 북경이나 항주를 떠올렸는데, 산서성 일대는 처음이라 설레기도 하고 풍경도 좋아서 아주 기분이 좋습니다. 여러분도 그렇죠? 이번 중국 여행에 정말 많은 분들이 참여해주셨습니다. 사실 어떤 모임이든 여행을 많이 계획하지만 몸이 아닌 마음이 가고 싶어서 함께하는 경우가 많지 않은데, 오늘 여러분의 표정을 보니 '마음에 끌려' 이 여행을 오신 분들이 많은 것 같습니다. 여러분, 일본의 유명한 작가 다카오치 히토시는 "여행을 하는 것과 병에 걸리는 것의 공통점은 '자신을 돌아보게 된다는 것'이다."라고 말했습니다. 바쁜 일상 속에서 이번 중국 여행이 우리 스스로를 돌아볼 수 있는 좋은 시간이 되었으면 합니다. 그리고 이번 여행을 통해 그동안 서로 바빠서 긴요하게 하지 못했던 마음속 이야기들을 풀어놓는 시간이 되었으면 좋겠습니다. 행복한 여행되십시오. 감사합니다.

스피치 Tip

여행을 할 때 버스 안에서 하게 될 스피치를 이렇게 따로 준비하는 분들이 있습니다. "설마 시키겠어?" "시키면 대충하면 되지 뭐."라고 생각하는 분과 멘트를 미리 준비하는 분의 스피치 결과는 다를 수밖에 없습니다.

건배사

건배사는 30초의 아주 짧은 쇼트 스피치(short speech)다. 하지만 이 짧은 건배사 스피치를 통해 리더가 얼마나 유연한지, 자신감이 있는지 알 수 있다. 건배사는 TEC 법칙을 기억하면 된다.

먼저 'T'는 "이렇게 제게 건배 제의를 할 수 있는 영광을 주셔서 감사합니다."라고 감사 인사(thanks)를 하는 것이다. 어떤 사람들은 이 말이 구태의연하다고 말하기도 하나 요즘에는 이 말을 너무 하지 않아 오히려 "영광이다."라고 말하면 건배사 자체가 격식 있어 보이고 겸손해 보인다.

그다음 중요한 것이 바로 'E'다. 에피소드(episode)를 넣어 건배사를 하는 것이다. 에피소드에는 크게 2가지가 있다. 첫 번째는 '18번지 에피소드' 그리고 두 번째는 '현장형 에피소드'

다. 4장에는 이를 활용한 예문을 자세히 적어두었다.

TEC 법칙의 마지막은 바로 'C'다. C는 cheers의 약자로, 힘차게 선창하고 후창을 하라는 의미다. 건배사 구호의 선창이 너무 작으면 후창도 작게 나온다. 그리고 건배사를 하는 사람은 선창을 하고 난 다음에 후창도 함께 외쳐주어야 소리가 자연스럽게 연결된다. 건배사의 TEC 법칙을 활용해 멋진 건배사를 하길 바란다.

—

회사 송년 모임
건배사

🎤 케이스 **한 해를 마무리하고 다음 해 목표를 설정하자**

키워드

> 혼자 가면 빨리 갈 수 있지만
> 함께 가면 멀리 갈 수 있다.
> 하지만 우리는 함께 빨리 가자.

（예） 자, 여러분 올해 어땠어요? '한 해가 참 알찼다.'라고 생각하는 직원도 있을 것이고, '올해는 정말 정신없이 지나갔다.'라고 생각하는 사람도 있을 겁니다. 저는 올해를 되돌아보니 마음속에 한 단어가 떠올랐습니다. 바로 '우리' '함께'라는 단어입니다. 우리는

지난해 굵직굵직한 많은 업무들을 아주 성공적으로 수행했습니다. 특히나 ○○기업과 컨소시엄으로 진행된 ○○프로젝트는 정말 대단한 성공을 이루어냈죠. 이 모두가 바로 우리가 '함께'였기 때문에 가능한 일이라고 생각합니다. 이런 말이 있죠. "혼자 가면 빨리 갈 수 있지만 함께 가면 멀리 갈 수 있다." 그런데 말입니다, 우리는 지난 한 해 '함께 빨리' 갔던 것 같습니다. 서로 힘을 합쳐 착착 발을 맞춘 결과 한 해 동안 이렇게 좋은 성과를 거둘 수 있었습니다. 내년에도 우리 함께 빨리 가면 어떨까요? 제가 '함께'를 외칠 테니 여러분은 '빨리 가자!'라고 외쳐주세요. "(선창) 함께 (후창) 빨리 가자."

스피치 Tip

건배사를 하는 사람은 선창만 외치는 것이 아니라 후창도 함께 크게 외쳐야 합니다. 목소리의 볼륨이 갑자기 꺼질 수 있습니다.

내년에 꼭 했으면 하는 키워드를 하나씩 품으며

건배사를 외쳤으면 합니다.

사교 모임 송년
건배사

🎙 케이스 **송년 모임 건배사는 함께해보자**

키워드

> 올해의 키워드는?
> 내년에도 파이팅!

예 올해 다들 어떻게 보내셨습니까? 여러분은 올해를 돌이켜보면 어떤 키워드가 생각나세요? 저는 올해의 키워드가 뭐였나 생각해보니 나날이 불어나는 뱃살, 딸아이의 결혼, 그리고 갈수록 예뻐 보이는 와이프였습니다. 젊었을 때는 술, 술, 술이었는데 말이죠. 자, 말이 나왔으니까 여러분의 한 해 키워드를 하나씩 들어볼까요? 제가 "올해의 키워드는?"이라고 질문하면 머릿속에 떠오르는 단어 하나를 말씀해주십시오. 오른쪽부터 시작해볼까요? 올해의 키워드는? 자, 여러 가지 키워드가 나왔는데요, 내년에 꼭 했으면 하는 키워드 하나씩을 마음속에 품으며 건배사를 외쳤으면 합니다. 제가 '내년에도'를 외치면 여러분은 '파이팅!'이라고 외쳐주십시오. "(선창) 내년에도 (후창) 파이팅!" 감사합니다.

스피치 Tip

혼자 하는 스피치는 외롭습니다. 하지만 함께하는 스피치는 즐거움 그 자체입니다.

一

부부 동반 모임
송년 건배사

🎤 케이스 1 **감성 표현을 부끄러워하지 말자**

키워드

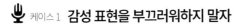

죽도록 사랑해~

(예) 올해도 이렇게 30년 지기 고향 친구들과 부부 동반 송년 모임을 하게 되어 정말 기쁩니다. 올해를 돌아보니 가장 고마운 사람은 사실 오늘 이 자리에 함께한 우리 와이프, 부인이더라고요. 1년 동안 밥 차려주고 셔츠도 다려주고, 또 무엇보다 마음의 큰 위로가 되어주어 얼마나 고마운지 모릅니다. 평소에 "고맙다.""사랑한다." 같은 말들이 쑥스러워 하기 힘들었는데, 오늘 이 자리에서는

그래도 표현을 해야 할 것 같습니다. "여보, 나랑 결혼해줘서 고맙고 나랑 또 살아줘서 고마워요. 내년에도 우리 잘 살아봅시다." 와이프에게 고마운 마음을 담아 건배 제의를 하도록 하겠습니다. 제가 '죽도록'을 외칠테니 여러분은 '사랑한다'라고 외쳐주세요. "(선창) 죽도록 (후창) 사랑한다." 감사합니다.

스피치 Tip

"스피치의 99%는 감성이다."라는 말이 있습니다. 많은 사람들이 논리적인 스피치가 최고라고 생각하지만 유연하고 감동적인 스피치는 논리가 아닌 감성을 전달하는 경우가 많습니다. 감성을 표현하세요. 표현도 자꾸 해야 늡니다.

 케이스 2 **부인과 친구들에게 애정을 표현해보자**

키워드

친구와 포도주는 오래될수록 좋다.

(예) 여러분~ 한 해 동안 무사히 잘 지내셨죠? 올해도 이렇게 어김없이 송년 부부 모임을 하게 되었습니다. 올해도 '사네, 못사네.' 중에서 '사네.'를 선택해준 우리 마눌님에게 심심한 감사의 말씀을 드립니다. 많은 송년 모임 가운데 친구들과 함께하는 부부 모임만큼 행복한 술자리는 없는 것 같습니다. 오랜만에 친구들의 얼굴도 보고 또 부인들의 이야기를 들어보면 '나만 잘못하는 것은 아니구나.'라는 위안도 얻을 수 있으니 말입니다. (웃음)

여러분, "친구와 포도주는 오래될수록 좋다."라는 말이 있습니다. 우리 잘 숙성된 오랜 와인처럼 서로 깊고 진한 향기를 나눌 수 있는 그런 친구의 인연을 오래 이어나갔으면 합니다. 그리고 우리 와이프도 마찬가지입니다. 여보, 우리 포도주처럼 진하게 숙성되는 사랑을 합시다. 그런 의미에서 건배사 한번 외치겠습니다. 제가 '포도주처럼'이라고 외치면 여러분은 '익어가자!'라고 외쳐주시길 바랍니다. "(선창) 포도주처럼 (후창) 익어가자!"

스피치 Tip

송년 모임에서 그동안 부인에게 하지 못했던 고마운 마음을 표현해보세요. 여자들은 다이아몬드와 명품 가방에만 감동받는 것은 아닙니다. 물론 때로는 그런 것들이 유효하기도 하지만요.

一

신년 모임
건배사

🎤 케이스 **재미있는 스피치 레퍼토리를 다양하게 활용해보자**

키워드

> 성공하는 사람에게는 삼심(三心)이 있다.
> 초심, 열심, 뒷심.

(예) 여러분, 새로운 한 해가 밝았습니다. 사람이 성공하기 위해서는 삼심, 즉 3가지 마음이 필요하다고 합니다. 그것은 바로 초심, 열심, 뒷심입니다. 지금 계획하고 있는 일에 대한 초심을 잊지 말고 열심히 달려가 봅시다. 그리고 아무리 어려운 일이 있더라도 끝까지 뒷심을 발휘해 최선을 다해봅시다. 그런 의미에서 제

가 '초심, 열심, 뒷심'을 외칠 테니 여러분은 '삼심! 삼심! 삼심!'이라고 크게 외쳐주십시오. "(선창) 초심, 열심, 뒷심 (후창) 삼심! 삼심! 삼심!"

스피치 Tip

'삼심'과 같은 레퍼토리가 2~3가지 있으면 어떤 자리든 무작정 머릿속이 하얘지는 일은 없을 겁니다. 모임에서 누군가 재미있는 말을 한다면 기록하거나 기억했다가 꼭 활용해보세요.

모임에서 누군가 재미있는 말을 한다면

기록하거나 기억했다가 꼭 활용해보세요.

인맥 사교 모임
건배사

🎤 케이스 **재치 있는 삼행시로 건배사를 해보자**

키워드

오행시(오늘도 행복한 시간을 보내자.)

(예) 이렇게 건배 제의를 할 수 있는 영광을 주셔서 감사합니다. 우리 모임이 한 3년 넘게 지속되고 있는데요. 앞에 계신 회장님과 총무님, 그리고 원우 여러분이 아니었다면 이리 오랫동안 모임이 지속될 수는 없었을 것입니다. 이 자리를 빌려 다시 한 번 감사하다는 말씀 전해드립니다. 저는 오늘 오행시로 건배 제의를 하도록 하겠습니다. 여러분이 먼저 운을 띄어주십시오. "오~" "오늘도"

"행~""행복한""시~""시간을 보내자!" 뭐든 행복한 것이 가장 중요한 것 아닐까요? '제가 오늘도 행복한 시간을 보내자'라고 외칠 테니 여러분은 '오행시'라고 외쳐주십시오. 자, 잔에 술은 채우셨죠? "(선창) 오늘도 행복한 시간을 보내자 (후창) 오행시~" 감사합니다.

> **스피치 Tip**
>
> 진달래(진하고 달콤한 미래를 위하여), 변사또(변함없는 사랑으로 또 만나자) 등의 18번지(언제 어디서나 통할 수 있는) 건배사는 활용하기는 좋지만 너무 의례적인 느낌이 들 수 있으니 꼭 주의하세요.

一

고등학교 동창 모임
건배사

🎙 케이스 **선창과 후창을 명확히 하자**

키워드

무화과(무척이나 화려했던 과거를 위하여!)

예   오랜만에 고등학교 동창생들을 만나니 정말 기분 좋습니다.
어렸을 적 냇가에서 고기 잡고 개구리 잡던 때가 엊그제 같은데,
제 머리에도 우리 동기들의 머리에도 하얗게 눈이 내린 것을 보
니 '우리가 나이가 들긴 들었구나.'라는 생각이 들었습니다. 나이
50이 넘으니 세상일 그리 대단한 것 없는데 왜 그렇게 열심히 살
았나, 왜 그렇게 이기려고만 했는지 후회가 들기도 하고, 또 과거

화려했던 나의 전성기가 그립기도 하고 그렇습니다. 그래서 저는 오늘 '무화과'로 건배사를 하려고 합니다. 먼저 운을 띄어 주십시오. "무~" "무척이나" "화~" "화려했던" "과~" "과거를 위하여!" 오늘만큼은 현재나 미래의 고민을 잊고 우리의 화려했던 과거, 옛 추억을 떠올리며 좋은 시간 보냈으면 좋겠습니다. 제가 '무척이나 화려했던 과거를 위하여'라고 외칠 테니 여러분은 '무화과'라고 외쳐주시길 바랍니다. "(선창) 무척이나 화려했던 과거를 위하여 (후창) 무화과~"

스피치 Tip

선창과 후창을 명확히 구분해주세요. "제가 선창 어디를 외칠 테니 여러분은 어떻게 후창을 해달라."라고 명확히 이야기해주어야 사람들이 자신이 해야 하는 부분의 건배사를 할 수 있습니다.

一

자격증 합격 축하 모임
건배사

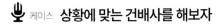 케이스 **상황에 맞는 건배사를 해보자**

키워드

남들 하는 것에 조금만 더 하자.

(예) 이렇게 건배 제의를 할 수 있게 되어 정말 영광입니다. 그동안 우리 정말 고생 많았습니다. "주경야독(畫耕夜讀)"이라는 말이 이렇게 가슴에 와 닿았던 적이 없었던 것 같습니다. 시험을 며칠 앞두고는 '학교 다녔을 때 이 정도 공부했으면 서울대도 갔겠다.' 싶은 생각이 들 정도로 정말 고생을 많이 했습니다. 저는 '무엇이든 남들보다 조금만 더 하자!'라고 생각하며 살아왔습니다. '하기 싫을

때 10분만 더 하자.' '졸릴 때 5분이라도 더 하자.' 했던 것이 이렇게 좋은 결과를 만든 것 같습니다.

○○에너지 평가사라는 자격은 그저 건물에 에너지 등급을 매기는 사람이 아니라 친환경 에너지 건축물이 많아져서 세상을 좀더 살기 좋은 환경으로 바꾸라는 자격이라고 생각합니다. 우리가 열심히 해서 좋은 환경, 깨끗한 환경을 만드는 데 앞장 섰으면 합니다. 제가 '좋은 환경을 만드는 데'라고 외치면 여러분은 '앞장서자'라고 외쳐주십시오. "(선창) 좋은 환경을 만드는 데 (후창) 앞장서자!" 감사합니다.

스피치 Tip

현장에 딱 맞는 건배사를 해보세요. 그럼 한결 센스 있고 생동감 넘치는 건배사를 할 수 있습니다.

一

골프 모임
건배사

🎤 케이스 **속마음을 진정성 있게 담아보자**

키워드

이멤버 리멤버(이 멤버를 기억하자.)

예 제가 이렇게 건배사를 해도 될지 모르겠습니다. 건배 제의를 할 수 있는 기회를 주셔서 정말 감사합니다. 골프라는 운동은 참 여러 매력이 있지만 그 중에서도 제일은 바로 '사람을 알게 하는 매력'이 아닐까 싶습니다. 같이 서울에서 출발해 하루 종일 대화하며 공 치고, 끝나고 나서는 함께 사우나 하고 술 한잔 마신 뒤 집으로 돌아가는, 이렇게 하루를 보내면서 사람을 알게 하고 관계를 돈독하게 만드는 운동이 바로 골프인 것 같습니다. 저는 오늘 골프를 함께 쳤던 이 멤버를 서로 기억해 앞으로도 좋은 인연을 맺자는 의미로 '이멤버 리멤버', 즉 "이 멤버를 기억하자."라는 멘트로 건배사를 하겠습니다. 제가 '이멤버'라고 외치면 여러분은 '리멤버'라고 큰 소리로 외쳐주십시오. "(선창) 이멤버 (후창) 리멤버!" 감사합니다.

스피치 Tip

자신의 속마음에 집중해보세요. 그리고 그것을 상대방에게 말로 표현해보세요. 그럼 한결 진정성 있는 스피치를 할 수 있습니다.

자신의 속마음에 집중해보세요.

그리고 그것을 상대방에게 말로 표현해보세요.

—

회식 자리
건배사

🎤 케이스 **파이팅을 외칠 때는 자신감 있게 하자**

키워드

> **올파**(올해도 파이팅합시다.)
>
> **올파파**(올해도 파이팅 파이팅합시다.)

🔵 예 잔에 술을 가득 채워주시고요, 잔을 높이 들어주십시오. 저는 거두절미하고 여러분께 하고 싶은 말씀 한마디로 건배사를 하도록 하겠습니다. '뭐든지 할 수 있다.'라는 자세가 제일 중요한 것 같습니다. 저는 그래서 '올파'로 건배 제의를 하려고 하는데요. 올파는 '올해도 파이팅하자.'라는 뜻입니다. 제가 '올해도 파이팅'이라

고 외치면 여러분은 '올파! 올파! 올파!' 이렇게 3번 외쳐주시길 바랍니다. "(선창) 올해도 파이팅~ (후창) 올파! 올파! 올파!"

스피치 Tip

파이팅을 외칠 때는 정말 자신감 있게, 파이팅 넘치게 외쳐주세요. 건배사를 하는 사람은 선창, 후창 모두를 외쳐야 한다는 것 잊지 마시고요.

팀원 회식 모임
건배사

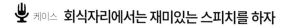 케이스 **회식자리에서는 재미있는 스피치를 하자**

키워드

> **낄낄빠빠**(낄 때 끼고 빠질 때 빠져라.)
>
> **복세편살**(복잡한 세상 편하게 살자.)

예 우리 팀원 여러분, 오늘 우리 이렇게 다함께 모여 술 한잔 하니 정말 기분 좋습니다. 여러분도 기분 좋으시죠? 얼마 전에 저희 아들이 '낄낄빠빠'라는 말을 하더라고요. 여러분 이 말이 무슨 의미인지 아세요? 바로 '낄 때 끼고 빠질 때 빠져라.'라는 뜻이라고 하더라고요. 요즘 아이들의 말 줄임이 정말 당황스러울 때도 있지만 한편으로는 재미있는 것 같아요. 저는 오늘 1차까지만 끼고 2차부터는 빠지려고 합니다. 그렇게 해야 여러분이 재미있게 놀 수 있겠죠?

그리고 한 가지 더 알려드릴게요. '복세편살'이라는 말 아세요? '복잡한 세상 편하게 살자.'라는 뜻이라고 합니다. 아이들 생각이 참 기발한 것 같아요. 그리고 벌써부터 이런 걸 알다니 대단하다는 생각도 듭니다. 그래서 저는 오늘 복세편살로 건배 제의를 하려고 합니다. 제가 '복잡한 세상 편하게 살자!'라고 외칠 테니 여러분은 '복세편살~'이라고 외쳐주세요. "(선창) 복잡한 세상 편하게 살자! (후창) 복세편살~" 감사합니다.

스피치 Tip

회식 모임에서는 진지하고 골치 아픈 내용보다는 재미있는 내용으로 건배사를 하는 것이 좋습니다. '복세편살' 같은 유행어는 인터넷에서 쉽게 검색할 수 있으니 조금만 신경 써서 재미 요소를 더해보세요.

—

비즈니스 모임에서의
건배사

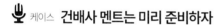 케이스 **건배사 멘트는 미리 준비하자**

키워드

라온제나(즐거운 나라는 순 우리말)

예 제게 이렇게 건배 제의를 할 수 있는 영광을 주셔서 감사합니다. 저는 이 모임에 오면 정말 기분이 좋습니다. 좋은 사람들과 이렇게 마음 터놓고 이야기할 수 있다는 것만으로도 참 행복한 일이 아닐까 싶습니다. 저는 이 모임에 오면 '라온제나'가 되는데요, 라온제나는 '즐거운 나'라는 순 우리말입니다. 이 세상 모든 사람이 즐거워도 내가 즐겁지 않으면 무슨 소용이 있겠습니까? 저는 오늘 여러분이 이 모임을 통해 '즐거운 나'가 되었으면 하는 바람으로 '라온제나'로 건배 제의를 하겠습니다. 제가 '라온'을 외칠 테니 여러분은 '제나'를 외쳐주세요. "(선창) 라온 (후창) 제나~" 감사합니다.

스피치 Tip

건배사는 짧은 스피치지만 그 사람의 성격이나 됨됨이, 인격 등을 알 수 있는 시그널 스피치(signal speech)입니다. 갑자기 하라고 하면 누구나 긴장을 하게 됩니다. 모임 장소에 가기 전, 자신이 만약 건배사를 하게 되면 어떤 건배사를 할지 꼭 생각해보고 멘트를 준비해보세요.

모임 장소에 가기 전,

자신이 만약 건배사를 하게 되면 어떤 건배사를 할지

꼭 생각해보고 멘트를 준비해보세요.

저녁 식사 모임
건배사

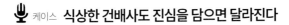 케이스 **식상한 건배사도 진심을 담으면 달라진다**

키워드

> 카르페 디엠('현재를 즐기자.'는 뜻의 라틴어)

(예) 여러분, 우리 나이가 되니 과거도 소용없고 미래도 소용없고 그냥 현재를 행복하게 즐기는 것이 최고인 것 같습니다. 이렇게 현재를 즐겨야 인생 전체가 행복해지는 것 아니겠습니까? 오늘 모임에서는 모든 근심과 걱정을 잊고 현재 이 순간을 행복하게 즐기자는 의미로 '카르페 디엠'으로 건배 제의를 하도록 하겠습니다. 카르페 디엠은 '현재를 즐기자.'는 뜻의 라틴어인데요. 제가 '카르

페'를 외치며 여러분은 '디엠'을 외쳐주세요. 모두 술잔에 술을 채워주시고요. 잔을 높이 들어주십시오. "(선창) 카르페 (후창) 디엠"

스피치 Tip

조금은 식상하고 구태의연한 건배사도 얼마나 화자가 가치 있게 전달하느냐에 따라 맛이 달라질 수 있습니다. 너무 새로운 것만 찾으려고 하지 마세요. 있던 것도 잘 표현하면 아주 멋있어집니다.

분위기를 사로잡는 리더의 말 사용법

초판 1쇄 발행 2016년 4월 11일
개정 1판 1쇄 발행 2019년 10월 5일

지은이 임유정
펴낸곳 원앤원북스
펴낸이 오운영
경영총괄 박종명
편집 최윤정·김효주·채지혜·이광민
출판등록 제2018-000058호(2018년 1월 23일)

주소 04091 서울시 마포구 토정로 222 한국출판콘텐츠센터 306호(신수동)
전화 02-719-7735 | **팩스** 02-719-7736
이메일 onobooks2018@naver.com | **블로그** blog.naver.com/onobooks2018
값 15,000원

ISBN 979-11-7043-025-4 03320

* 잘못된 책은 구입하신 곳에서 바꿔 드립니다.
* 이 책은 저작권법에 따라 보호받는 저작물이므로 무단 전재와 무단 복제를 금지합니다.

이 도서의 국립중앙도서관 출판예정도서목록(CIP)은 서지정보유통지원시스템 홈페이지(http://seoji.nl.go.kr)와 국가자료종합목록 구축시스템(http://kolis-net.nl.go.kr)에서 이용하실 수 있습니다. (CIP제어번호 : CIP2019036567)

* 원앤원북스는 독자 여러분의 소중한 아이디어와 원고 투고를 기다리고 있습니다.
원고가 있으신 분은 onobooks2018@naver.com으로 간단한 기획의도와 개요, 연락처를 보내주세요.